地緣政治超圖解

サクッとわかるビジネス教養 新地政学

世界各國到底在想什麼？

日本防衛省幹部學校任教
奧山真司 Masashi Okuyama ——監修

余鎧瀚——譯

【前言】

introduction

看穿國家表面下隱藏意圖的解讀技巧：
如果國際政治是場「戲劇」，地緣政治學就是「舞台裝置」

如今我們透過網路，能夠輕易接收國外的新聞報導，過去遙不可及的國際情勢資訊變得唾手可得。隨著全球化的進程加速，世界變得越來越小，培養地緣政治學素養也更加重要，這門知識能夠協助我們以宏觀的視角掌握全球局勢、分析各國動向。

地緣政治學究竟是什麼？不同的學者會給出不同的答案，而我會說這門學問是「以冷酷不帶感情的方式，來觀察國際政治的觀點與方法」。在國際政治舞台上，各國的一舉一動比大多數日本人所想像得更冷酷且殘暴。所謂「冷酷」究竟是指什麼呢？各位只要閱讀本書，就能清楚理解箇中含義。

截至二〇二四年，世界各地爆發了諸多爭端，包括中東以色列與哈瑪斯的衝突、歐洲則有俄羅斯入侵烏克蘭等。而在這些混亂的背後，美國與中國正進行著一場堪稱「新冷戰」的頂尖霸權對決，您是否有察覺到呢？這場對決足以左右世界的未來，會波及全球幾乎所有人，對於在海外頻繁活動的商務人士，影響更不在話下。若想正確掌握世界的動

2

向，地緣政治學的觀點絕對是我們不可或缺的。

打個比方來說，如果國際政治是場「戲劇」，那麼地緣政治學就是「舞台裝置」。舞台裝置隱藏在戲劇演出的幕後，決定了整個系統結構，而觀察國際政治不能局限於表面，必須了解各國所隱藏的想法，為此大家得要學習地緣政治學的思考方式。

希望本書能夠協助各位讀者建立觀點，理解日漸混亂的世界局勢。

奧山真司

世界各國到底在想什麼？ 地緣政治超圖解 目錄

Chapter 1 Basic Knowledge 認識地緣政治學的規則

地緣政治學6大基本概念

2 ……前言

8 ……**地緣政治學是**……針對地理衝突頻繁三大區域，研究各國「**一舉一動**」的學問

10 ……活用**地緣政治學**來制定戰略，就能藉由控制「**道路**」與「**樞紐**」，一口氣支配整個區域

12 ……理解地緣政治學，就能看見世界的真實樣貌

14 ……專欄 01 歷經德國、英國與美國接續發展，建立起一套理論系統！**地緣政治學的歷史**

16 ……**基本概念1** 活用地緣政治學，就能**掌控世界**？

18 ……**基本概念2** 掌控他國的「**權力平衡**」戰略，其實就是「猴子理論」

20 ……**基本概念3** 扼住「**咽喉點**」，控制維持國家命脈的「**要道**」

22 ……**基本概念4** 國際爭端中隱藏的「**陸地強權**」與「**海洋強權**」真面目

24 ……**基本概念5** 大規模爭紛爭皆起自「**心臟地帶**」地強權與「**邊緣地帶**」海洋強權間的衝突

26 ……**基本概念6** 國家衝突的潛在導火線？建立控制他國所必需之「**據點**」的重要性

28 ……專欄 02 地緣政治學的真貌及**基礎概念**與一般學問稍有不同

Chapter 2 Great power Geopolitics

美國、俄羅斯、中國的地緣政治學

認識能夠撼動世界的大國戰略

認識美國地緣政治的特質

32 Question 01 三大戰略區域 ❶ 亞洲 面對**急速成長的中國**，美國有何計畫？

36 Question 02 三大戰略區域 ❷ 中東 美國與中東各國目前的關係究竟如何？

40 Question 03 三大戰略區域 ❸ 歐洲 關鍵國家是**烏克蘭、波蘭**和**中東的土耳其**？

44 Question 04 霸權國家烏雲罩頂？美國即將發生**內戰**只是傳聞嗎？

48 Question 05 決定美國未來路線的總統選舉。共和黨的**川普**和民主黨的**拜登**有何不同？

52

認識俄羅斯地緣政治的特質

54 Question 06 看不見盡頭的紛爭⋯⋯俄羅斯與**烏克蘭**的現況與未來走向如何？

58 Question 07 P.104 會再次登場「**北極海航道**」的出現，如何影響俄羅斯和日本？

62 Question 08 與俄羅斯密切相關的要道中，除了「黑海、北極海航道」，**其他 4 條要道**現況如何？

66 Question 09 普丁總統如何看待俄羅斯未來的地緣政治戰略？

70

認識中國地緣政治的特質

72 …… Question 10 為什麼中國直到今天，才開始向**海洋擴張**？

76 …… Question 11 明帝國以來的第二次嘗試！作為典型的「**陸地國家**」，中國如何向海洋擴張？

80 …… Question 12 中國與台灣的關係街談巷議常常聽到「**台灣有事**」，實際上可能發生哪些事？

84 …… Question 13 有現代絲路之稱的「**一帶一路**」究竟是什麼？

88 …… Question 14 印度、東南亞群起反抗？中國真的跟大河周邊各國爆發**水資源爭端**？

90 …… Question 15 中國國家主席習近平心中如何描繪**中國的未來**？

92 …… 專欄 03 房地產泡沫破滅？中國國內經濟**前景不明**

94 …… 專欄 04 目標是支配廣大領土！地緣政治學中經常出現的**歷史上兩個超級大國：羅馬帝國、鄂圖曼帝國**

96 ……

Chapter 3 Japanese Geopolitics

日本的地緣政治學

認識日本周邊國家的實際情勢
認識日本地緣政治的特質

98 …… Question 01 究竟為什麼俄羅斯不將**南千島群島**歸還給日本？

102 …… Question 02 對美國而言，沖繩美軍基地是「**完美的據點**」？

106 …… Question 03 「世界警察」美國海軍的核心？美國海軍橫須賀基地擁有哪些「**世界第一的裝備**」？

110 …… Question 04 對馬列島、釣魚台列嶼……探究諸多衝突的根源，「**近海爭端**」究竟是什麼？

114 …… Question 05 除了嚇阻以外，**美軍駐日**對日本還有哪些意義？

118 …… Question 06 日本現階段還不需要擔心**北韓飛彈**？

122 …… 專欄 05 「**島國**」、「**半島**」、「**內陸國**」等國土形狀特徵，與地緣政治戰略密切相關！

124 ……

Chapter 4 Other places Geopolitics

亞洲、中東、歐洲的地緣政治學

各種戰略錯綜複雜交織在一起

認識亞洲地緣政治的特質

128 Question 01 躲在中國背後飛速成長近年來逐漸崛起的**印度**如何與**中國**對立？

130 Question 02 東南亞各國：越南、寮國、柬埔寨、泰國，**與美國、中國的關係**究竟如何？

134 Question 03 明明只是小型都市國家，新加坡的成功是源自於**地緣政治上的優勢**？

138

認識中東地緣政治的特質

140 Question 04 伊斯蘭國已經瓦解，**敘利亞內戰**愈來愈混亂⋯⋯為什麼衝突持續這麼久？

144 Question 05 近來兩國關係進一步惡化，美國與伊朗究竟為何**對立**？

146 Question 06 領土比想像中廣闊的中東大國**土耳其與美國、俄羅斯**的關係如何？

148 Question 07 以色列、巴勒斯坦、耶路撒冷衝突⋯⋯宗教因素讓一切更加複雜，讓我們從**歷史**的角度來釐清！

150 Question 08 以哈戰爭波及太多人民⋯⋯**以色列與哈瑪斯**激戰的背後究竟有何內幕？

152

認識歐洲地緣政治的特質

156 Question 09 從地緣政治學角度來看英國脫離歐盟，是英國的**傳統戰略**？

158 Question 10 實際上地緣政治條件很差德國GDP上升至**世界第三名**，是歐盟的功勞嗎？

162 Question 11 拯救希臘與南斯拉夫的地緣政治特質地中海在地緣政治上**擁有哪些優勢**？

164

166 專欄 06 所謂「**地緣政治風險**」，是指在某處發生的事件，可能對全世界帶來巨大影響

168 **美中俄新冷戰**開打，美國單極霸權秩序不再，世界將如何變化？

174 後記

地緣政治學是⋯⋯

針對地理衝突頻繁三大區域

區域1
亞洲
（當今主要衝突區）
中國 vs 美國

以宏觀視角，解讀三大區域的衝突

「以色列與伊斯蘭組織哈瑪斯對立」、「瑞典加入北約」等國際新聞如今越來越貼近我們的生活，地緣政治學作為解讀國際情勢的知識，這門專業學問也越來越受到重視。然而，清楚理解何謂地緣政治學的人，依然相當少見。

本頁地圖簡化自哈爾福德・麥金德（Halford John Mackinder，生卒年一八六一～一九四七年）所繪製的世界地圖，他提出了地緣政治學中許多重要概念。所謂地緣政治學，簡而言之就是

研究各國「一舉一動」的學問

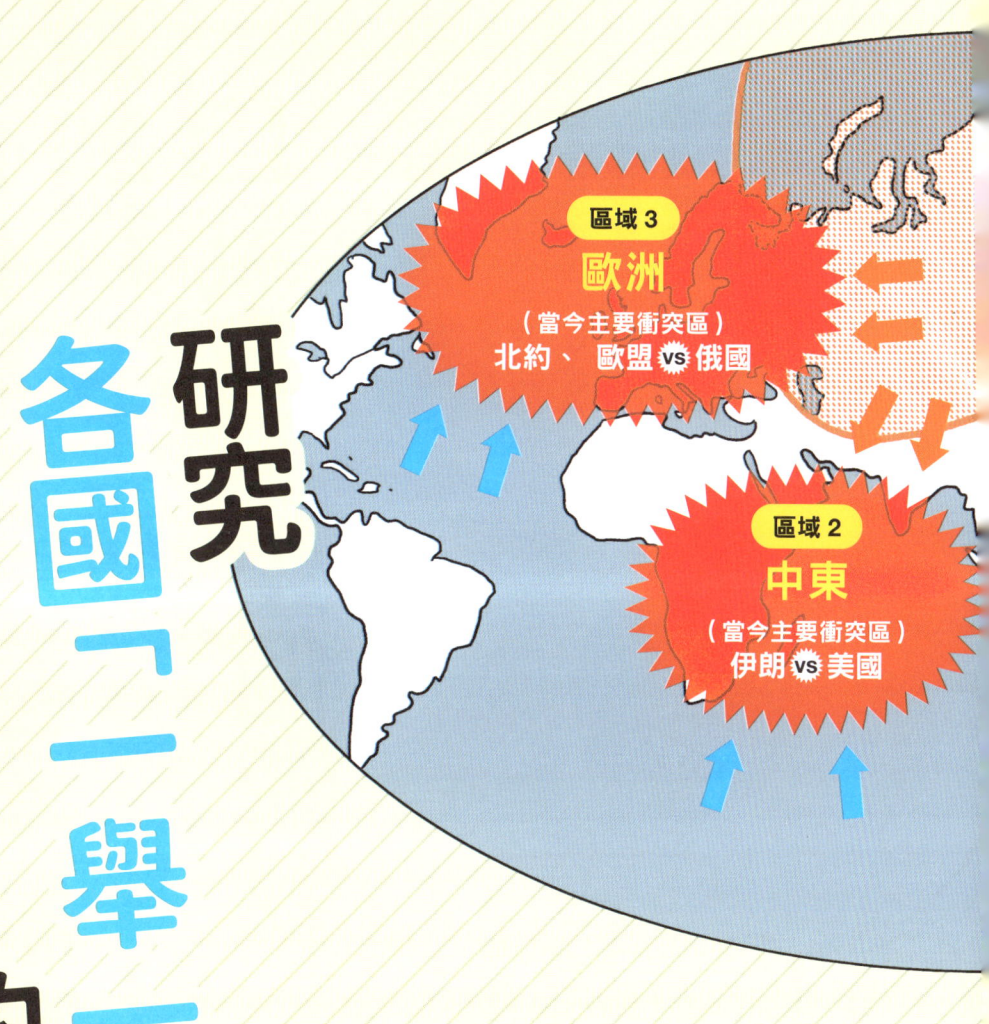

區域 3
歐洲
（當今主要衝突區）
北約、歐盟 vs 俄國

區域 2
中東
（當今主要衝突區）
伊朗 vs 美國

用宏觀視角來研究地圖上半部區域中，各方勢力與其周邊對抗勢力之間的衝突。更具體地說，地緣政治學是研究亞洲、中東、歐洲三大區域中，爆發衝突的各個國家的一舉一動。由於國際新聞大多與上述區域相關，因此認識地緣政治學，就是理解世界情勢。

活用**地緣政治學**來制定戰略，就能藉由控制「道路」與「樞紐」，一口氣支配整個區域

如果你想要有效率地支配某個區域……

如前文所述，地緣政治學的本質是以宏觀視角來觀察世界，但我們也可以從微觀角度來認識地緣政治學，將這項知識用於觀察我們周遭的環境。

在探討國際情勢的地緣政治

研究中，「某人如何支配某國或某區域」是非常重要的研究焦點。而地緣政治學認為掌控「道路」與「樞紐」是效果最好，也最有效率的手段。

在現代，一個國家要生存下去，必須從其他國家進口石油及電子設備。各種貨物的進口路徑由於受到山脈和海洋等地理條件限制，選擇十分有限，因此有些道路就成為各國必經的路徑。也就是說，只要奪取部分道路，就能截斷進口物流，使得國家無法存續。而且，雖說要奪取道路，但實際上並不需要嚴密監控每一寸道路，只要掌握必經的樞紐，就能夠控制物流，也就是支配不遠了。各位讀者只要想像一下，如果某天你家附近的主要幹道設立起檢查關卡，對你會產生什麼影響，就能理解這個概念的重要性。像這樣用微觀的角度來學習地緣政治學，我們就能夠領悟支配一個區域所需要的戰略。

> 想要掌控此區域，只要控制 A 地點，不需要繞彎路！

A 地點

理解地緣政治學，

從地緣政治學理論來看，中國的外交**必定挫敗**

中國經歷了急速成長，並透過「一帶一路」向海外邁進。然而就地緣政治學的理論來看，中國和過去衰落的羅馬帝國以及日本帝國，都具有某項重大缺陷。（➡P.88）

中國、俄羅斯等內陸大國的宿命…**擴張領土，以保護領土不被剝奪**

我們不時會在國際新聞中看見中國或俄國與鄰國的領土糾紛。無論哪個時代，大國總是會向外擴張領土，背後其實是領土被侵略的恐懼在作祟。（➡P54、72）

霸權國家的起點是**稱霸近海**，羅馬帝國、大英帝國和美國都不例外

羅馬帝國曾一度掌握世界霸權，接著是大英帝國，而現在，占據這張寶座的是美國。當這些霸權國家向海外拓展時，最先做的事情就是稱霸近海。（➡P.114）

12

就能看見世界的真實樣貌

日本人認為遵守條約是理所當然，世界卻認為凡事以地緣政治利益為優先才是理所當然

日本人總認為遵守規定是應該的，然而這種人在世界上其實只占少數。各國為了維護本國利益，無不以地緣政治利益為優先，對全世界而言這才是理所當然的事。

國際社會的行動不受意識形態或輿論影響，而是由軍事實力與經濟實力決定

了解地緣政治學後，你會領悟到軍事實力與經濟實力才是關鍵，它們決定了世界如何運轉。而意識形態、輿論或領袖魅力，其實並無用武之地。（↓P.16）

自白江口之戰*起，到中日戰爭，乃至伊拉克戰爭等，大規模的國際爭端其實都是陸地 vs 海洋的強權鬥爭

從地緣政治學角度來看，至今為止世上所有大型國際爭端，都是陸地強權與海洋強權的鬥爭。（➡P.22、24）

*譯注：公元663年，中國唐朝及新羅聯軍與日本及百濟聯軍於朝鮮半島白江村（現錦江河口）所進行的海戰。

13

地緣政治學專欄

01
歷經德國、英國與美國接續發展，建立起一套理論系統！
地緣政治學的歷史

　　如今世界各地都在使用的地緣政治學研究方法，究竟是如何誕生、發展出來的呢？我們一起來回顧這段歷史吧。

　　自遠古時代起，人類為了因應戰爭及運送物資，已建立起一套理論來研究人類的可移動距離以及哪種地形適合移動等等。**近代首次將這些知識應用於戰略的，是19世紀後期的普魯士王國，也就是現代的德國**。普魯士運用地理與地形理論制定戰略，在普法戰爭中戰勝了當時的龐大帝國法蘭西。

　　自此以後，「地理知識能夠在國際爭端與外交中發揮效用，我們來研究這門實用的學問吧」的想法，開始成長茁壯。

　　在日本的明治時期，**美國軍事家阿爾弗雷德‧賽耶‧馬漢（Alfred Thayer Mahan，1840～1914年）就已提出海洋強權與陸地強權概念（P.22）**，接續著則是英國學者麥金德提出了「心臟地帶理論」（Heartland Theory）。

　　之後，二戰時期的**美國學者尼古拉斯‧斯皮克曼（Nicholas John Spykman，1893～1943年）提出「邊緣地帶理論」（Rimland Theory），奠定了地緣政治學的基礎**，讓地緣政治成為系統化的知識學問。這些學者所發想出來的理論，至今仍應用於制定各種外交戰略。

Chapter
1
Basic Knowledge

認識地緣政治學的規則

地緣政治學
6大基本概念

在以地緣政治學觀點檢視各國情勢之前，
我首先要介紹這個學門的基本概念。
「陸地強國」和「海洋強國」等詞彙大家或許已經耳熟能詳，
只要知道這些，就能夠順利理解地緣政治學。

基本概念 1

活用地緣政治學，就能**掌控世界**？

簡單來說，地緣政治學就是「根據國家的地理條件，來思考與他國的關係以及在國際社會間如何行動」的方法。舉例而言，日本四面環海且遭敵軍逼近的風險較低，烏茲別克作為內陸國則常遭到進犯，兩國的國防戰略就會不同。除國防以外，各國在國際政治和全球經濟方面的行動也深受地理因素影響。

運用地緣政治學最大的優點，就是能夠建立起一種視角，來為本國帶來優勢，同時掌控對手國家。即使不發動高風險的領土侵奪戰爭，也能夠在經濟上掌控對手，達到「以低廉價格

向對手國家採購原料」等目的。此外，國家的行為其實與「利益」、「名聲」、「恐懼」等本能反應息息相關。學習地緣政治學可以讓我們排除意識形態因素，從地理角度觀察國家的一舉一動，看穿國家真正的想法。

目前掌控世界的霸權國家是美國。美國對於重要的對手國家，依照干預程度不同，分別採取「完全支配」、「選擇性干預」、「離岸制衡」和「孤立主義」等四種手段。

國對國的掌控

獲得高於對手的優勢地位，控制對手

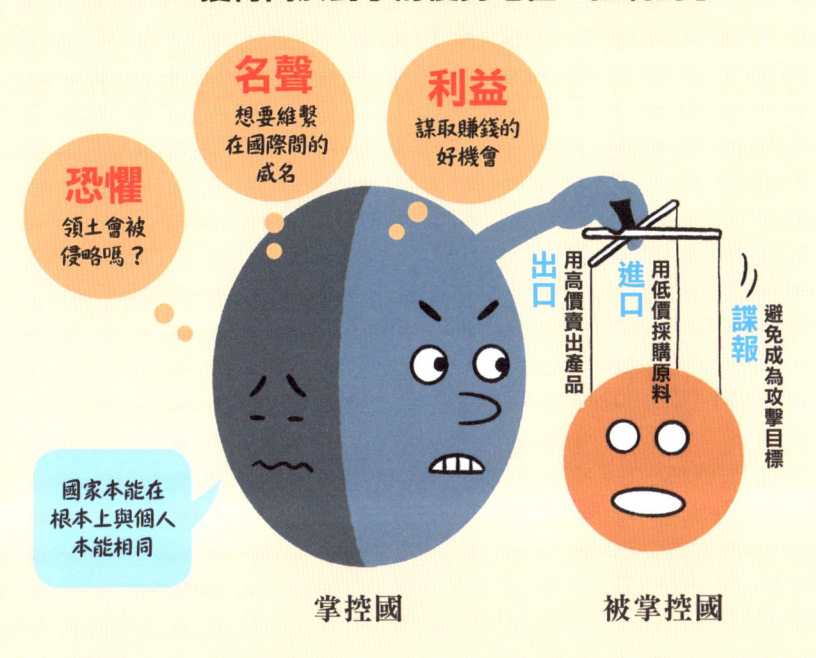

恐懼
領土會被侵略嗎？

名聲
想要維繫在國際間的威名

利益
謀取賺錢的好機會

出口：用高價賣出產品
進口：用低價採購原料
諜報：避免成為攻擊目標

國家本能在根本上與個人本能相同

掌控國　　　被掌控國

美國對他國的4種干預方式

干預程度　強 → 弱

完全支配 (Primacy)	美國深入對手國家的領土，派遣軍隊常駐，介入政策制定，將國家各層面的運作全面納入掌控。
選擇性干預 (Selective Engagement)	只在對美國重要的區域駐軍。僅掌控必要的部分。
離岸制衡 (Offshore Balancing)	不深入對手國家領土，只進行遠距離觀察，並在必要時施加壓力，來間接掌控對手。
孤立主義 (Isolationism)	這是美國外交戰略的一環，不控制對手國家，而是將軍隊撤離，非重要時刻不向海外派兵。

基本概念 2

掌控他國的「權力平衡」戰略，其實就是「猴子理論」

如前一節所介紹，運用地緣政治學最大的優勢是讓一國能夠掌控對手。有兩個重要的概念能夠達成以上目的，分別是「權力平衡」與「咽喉點」。

首先，「權力平衡」就是指「勢均力敵」，也就是讓各方勢力均等以維持秩序，不讓其中一方較為強大，這是一種國際關係的運作機制。從地緣政治學的角度來說，這是優勢國家對劣勢國家所施加的戰略。舉例來說，**當第二強國的勢力提升時，第一強國會聯合第三強以下的國家壓制第二強國，以削弱其國力。均等**化第二強以下國家的勢力，讓抵抗變得不可能，這種思考方式其實並不複雜，和猴王如何管理猴群權力關係的「猴子理論」並無二致。

過去的大英帝國，便曾運用「權力平衡」成為世界霸主。大英帝國並非透過征戰各國而取得勝利，而是只有歐亞大陸出現強大勢力時——像是擁有無敵艦隊的西班牙與拿破崙統治下的法國，才聯合周邊國家共同作戰，藉此稱霸世界。美國也是一樣，自冷戰以來一直謹記在外交戰略上保持「權力平衡」的戰略。

「權力平衡」戰略

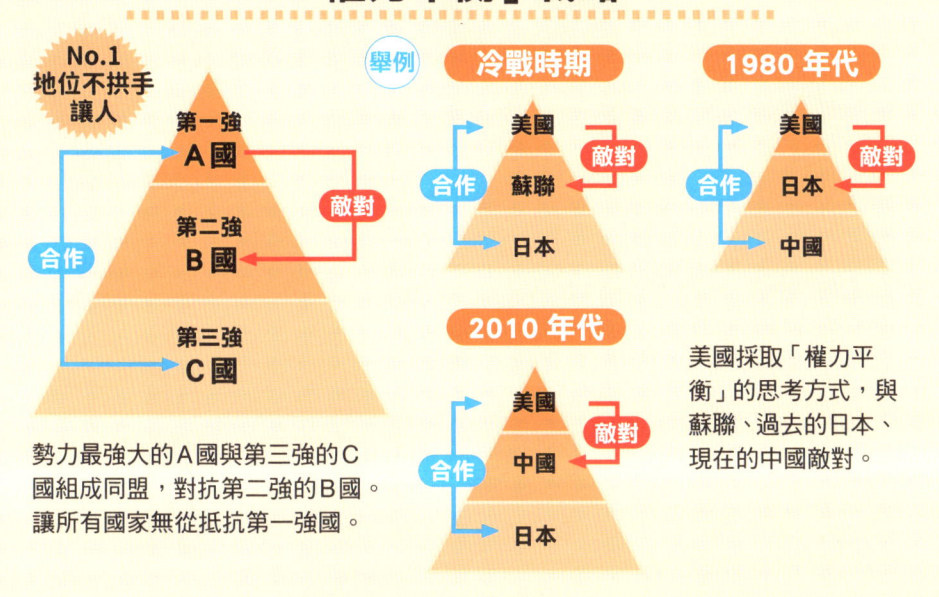

No.1 地位不拱手讓人

- 第一強 A國
- 第二強 B國
- 第三強 C國

A國與C國：合作
A國與B國：敵對

勢力最強大的A國與第三強的C國組成同盟，對抗第二強的B國。讓所有國家無從抵抗第一強國。

舉例

冷戰時期
- 美國
- 蘇聯
- 日本

美國與日本：合作
美國與蘇聯：敵對

1980年代
- 美國
- 日本
- 中國

美國與中國：合作
美國與日本：敵對

2010年代
- 美國
- 中國
- 日本

美國與日本：合作
美國與中國：敵對

美國採取「權力平衡」的思考方式，與蘇聯、過去的日本、現在的中國敵對。

曾經席捲世界的英式權力平衡

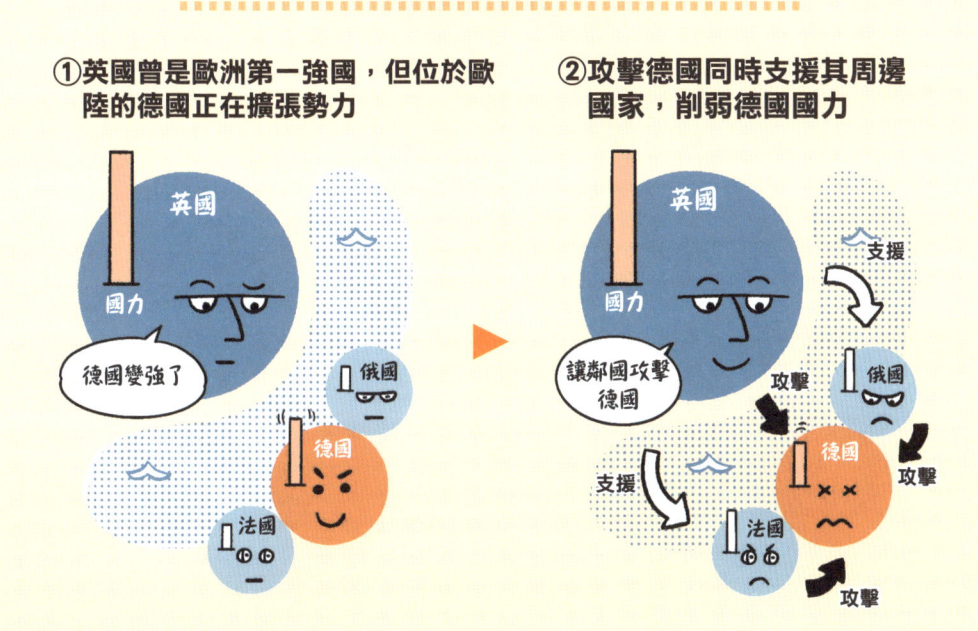

① 英國曾是歐洲第一強國，但位於歐陸的德國正在擴張勢力

英國（國力）：「德國變強了」
俄國、德國、法國

② 攻擊德國同時支援其周邊國家，削弱德國國力

英國（國力）：「讓鄰國攻擊德國」
支援俄國、攻擊德國
支援法國、攻擊德國

基本概念 3

扼住「咽喉點」，控制維持國家命脈的「要道」

「咽喉點」（Choke Point）是「控制重要對手」的關鍵，但在介紹咽喉點之前，我們要先理解「要道」（Route）。

此處所說的「要道」，是指海運的交通道路，也就是航線。如今全球化盛行，國與國之間比如中東與亞洲等區域之間的**大規模物流都是以航運為主，而這些航線可說是維繫國家運作的命脈**。所謂「咽喉點」，就是**行經要道時必定會經過的海上關卡**。具體來說，世界上約有十多個「咽喉點」，其中有些是被陸地包圍的海峽，有些是物資運補的必經之地。如果想要支

配要道，就必須拿下咽喉點，後者能夠讓一國直接控制他國。換個角度來說，當某國想要控制他國時，若選擇在陸路及海路上配置部隊，反而會造成人力部署過剩而效益不佳；反之，我們只需要拿下咽喉點，就能用較低成本換取最大程度的影響力。

現今掌握世界上最多數咽喉點的就是美國海軍。**美國得以握有世界霸權**，關鍵不在於擁有全球規模最龐大的陸軍，也不在於擁有眾多新銳戰鬥機的空軍，而是**拜掌握了多數咽喉點乃至要道的海軍所賜**。

咽喉點是控制航線的重要據點

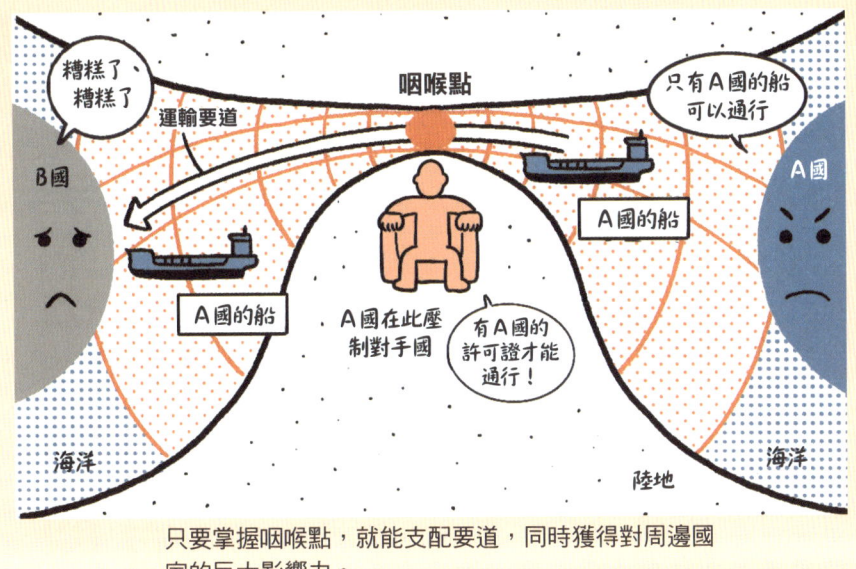

只要掌握咽喉點，就能支配要道，同時獲得對周邊國家的巨大影響力。

全世界的主要咽喉點

掌控這些咽喉點，就能掌控世界！

- 英吉利海峽（多佛海峽）
- Øresund 海峽
- 直布羅陀海峽
- 博斯普魯斯海峽
- 蘇伊士運河
- 曼德海峽
- 好望角
- 荷姆茲海峽
- 白令海峽
- 對馬海峽
- 台灣海峽
- 巴士海峽
- 麻六甲海峽
- 龍目海峽
- 巴拿馬運河
- 麥哲倫海峽

由於海流、水深等自然環境因素，加上貿易航行的燃料費等成本因素，以及國際規則等種種因素影響，因此要道在相當程度上是固定的，且都會通過咽喉點。

基本概念 4

國際爭端中隱藏的「陸地強權」與「海洋強權」真面目

地緣政治學中的基礎概念「陸地強權」，是指歐亞大陸上的大陸國家，如：俄國、法國、德國等。「海洋強權」則指大部分國境受海洋圍繞的海洋國家，包含日本及英國等，美國也可視為巨大的海洋國家。

人類歷史上，力量龐大的陸地強權國為了追求更多權力而邁向海洋時，就會與守護自身領域的海洋強權國發生衝突，這樣的事情已發生過無數次。**大規模的國際紛爭往往起自陸地強權與海洋強權的你爭我奪。**

此外，歷史還告訴我們一件事，就是「陸地強權與海洋強權不能兩立」。自古以來，當陸地強權羅馬帝國向海洋擴張，就因受挫而國力減弱，終至崩解。日本也是因為企圖支配太平洋、進軍中國內陸而戰敗，從地緣政治學角度來看，這都是海洋強權與陸地強權企圖彼此抗衡而導致的失敗。

甚至美軍在越南戰爭中撤退一事，也有人認為是海洋強權過度深入大陸內部所致。解讀國際情勢時，應判斷相關國家屬於海洋強權還是陸地強權，這是非常重要的觀察視角。

陸地強權與海洋強權

陸地強權
歐亞大陸內陸各國屬之。能充分活用道路與鐵路，陸路運輸能力優異。

代表國家：俄國、中國、德國、法國

海洋強權
大部分國境鄰海的各國屬之。不僅具備航海的船舶，也擁有造船廠、港口設施等。

代表國家：美國、英國、日本

想要向外發展！ — 對立 — 想要擋下進犯！

回顧歷史，就會發現陸地強權與海洋強權的強盛相互交替

10～15世紀 航海技術尚未發達，運輸以陸路為中心
陸地強權占上風
運輸以陸路為中心，海路則僅限於彼此距離較近的國家能夠互通。

→ **15～19世紀** 西班牙與英國席捲世界
海洋強權占上風
大航海時代開始。先有西班牙無敵艦隊登上歷史舞台，後有英國稱霸五大洋。

19～20世紀後半 鐵路建設進步，德國與俄國抬頭
陸地強權占上風？
鐵路建設興盛，陸上交通急速發展，獲得與海路比肩的運輸能力。

→ **20世紀後半～** 美國與日本將世界財富盡收掌中
海洋強權占上風？
二戰勝利國美國與受其援助的日本，兩大海洋強權國抬頭。

基本概念 5
大規模紛爭皆起自「心臟地帶」陸地強權與「邊緣地帶」海洋強權間的衝突

海洋強權與陸地強權等概念是用來說明各國國力的本質，而要談論地球上的領土時，則不能忽略以下兩個重點概念──「心臟地帶」、「邊緣地帶」。

心臟地帶，正如其字面意義，指的是歐亞大陸的心臟地區，也就是俄羅斯與其周邊國家。這個地區氣候寒冷、雨量少，多為地勢平坦的平原。自古以來人口稀少，文明也不興盛。反之，**由歐亞大陸海岸線上沿岸地區所組成的邊緣地帶**，則溫暖多雨、經濟活動熱絡。世界上大多數都市位於此地帶，人口集中。本書第八頁所介紹的三大地區也都位在於此，**能夠支配**

邊緣地帶，就能握有對其他國家的重要影響力。

若仔細考察心臟地帶與邊緣地帶、海洋強權與陸地強權的關係，便會發現內陸的心臟地帶國家必然被分類為陸地強權，沿岸的邊緣地帶國家則深受海洋強權的影響。自然環境嚴峻的心臟地帶國家進犯富饒的邊緣地帶，在歷史上並不罕見，與邊緣地帶國家發生衝突更是頻繁。也就是說，**用地緣政治學角度來看，邊緣地帶總是成為「心臟地帶陸地強權」與「沿岸海洋強權」掀起國際爭端的角力場**。

24

心臟地帶與邊緣地帶

心臟地帶

歐亞大陸的中心地區。北部是海冰覆蓋的北極海，因此位於此地帶的國家長久以來無法進入海洋。
（現在由於部分海冰融解，已有部分地區可出海）

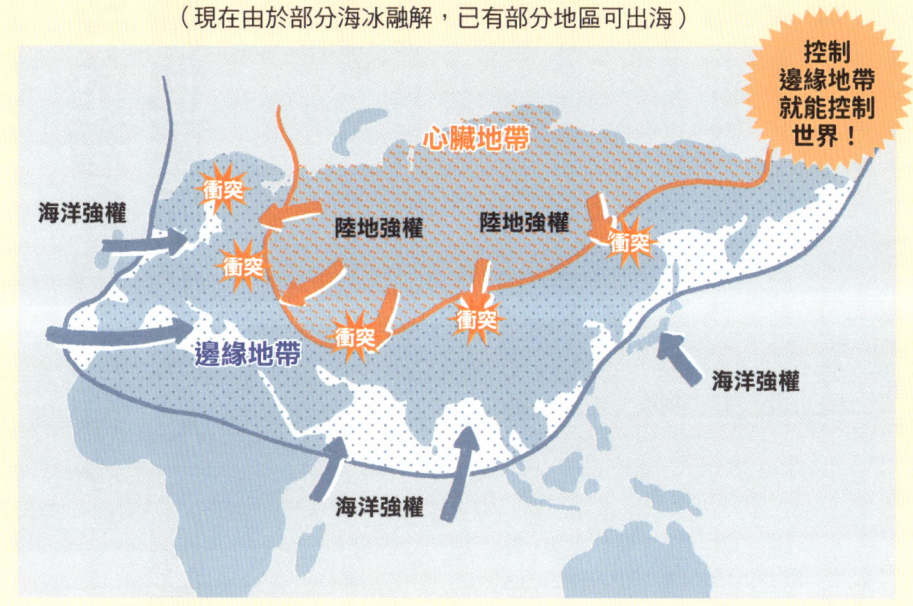

控制邊緣地帶就能控制世界！

邊緣地帶

心臟地帶周邊的區域，自古以來文明及城市在此孕育發展。包含歐洲、中東、中亞、東南亞和東亞；美國、英國、日本則不屬於此。歷史上多數的大規模國際糾紛都在邊緣地帶發生，易起爭端的趨勢直到近年仍未改變。

邊緣地帶近年爆發的大規模衝突

- 1955年～　越南戰爭（中南半島）
- 2001年～2021年　阿富汗衝突（印度周邊）
- 2003年～　伊拉克戰爭（阿拉伯半島周邊）
- 2022年～　俄羅斯入侵烏克蘭
- 2023年～　巴勒斯坦—以色列戰爭

地緣政治學的發展

地緣政治學自十九世紀後半開始成為一門學問而開始推展。多位該領域研究者先後提倡了許多構成這門學問的基礎概念。詳見P.14。

阿爾弗雷德・賽耶・馬漢
美國軍事家，提出「海洋強權」、「陸地強權」等概念。

哈爾福德・麥金德
英國學者，承襲馬漢主張，提出「心臟地帶」概念。

尼古拉斯・斯皮克曼（Nicholas Spykman）
記者出身的美國學者，提出「邊緣地帶」概念。

基本概念 6

國家衝突的潛在導火線？
建立控制他國所必需之「據點」的重要性

控制對手國時還有一項重要的事，就是打造能夠作為立足點的「據點」。**想要掌控某地區，就得在鄰近處建立據點、透過雷達監控、駐紮軍隊，以維持在該地區的影響力**。然後必要時也得在影響力所及範圍內建立新的據點，藉此往前推進。

舉例而言，沖繩的美軍基地主要是為了牽制中國及北韓所打造的據點，橫須賀的基地則主要是為了掌控西太平洋而部署。除此之外，美軍也在印度洋的迪戈加西亞島、德國的拉姆施泰因等地也建立大規模據點，以監視敵對勢力的伊朗及俄羅斯。

另一方面，急速成長的中國在非洲大陸上鄰近阿拉伯半島的吉布地共和國建立了第一座海外據點，同時也在南海陸續建立多個據點。兩處據點都是為了與美國抗衡（見第77頁）。

俄羅斯於二〇一四年併吞克里米亞，這可說是奪取據點的舉動，之後也的確出現入侵烏克蘭的行動。**國與國的小規模競奪，若細察其原因，多半是為了爭搶控制對手國所需的據點。**

26

建立據點的重要性

英國入侵非洲

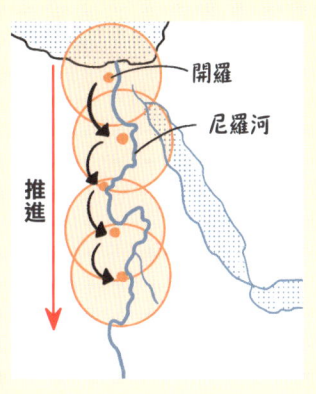

英國在十九世紀後半首先在尼羅河下游城市開羅建立據點以建立影響力，接著慢慢往上游推進。

從離島發揮影響力

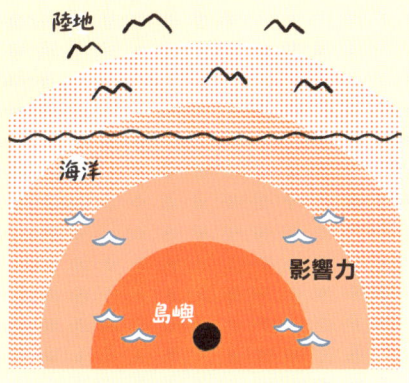

從海洋控制陸地時，要在外圍島嶼建立據點，維持對陸地的影響力。

美軍具代表性的海外據點

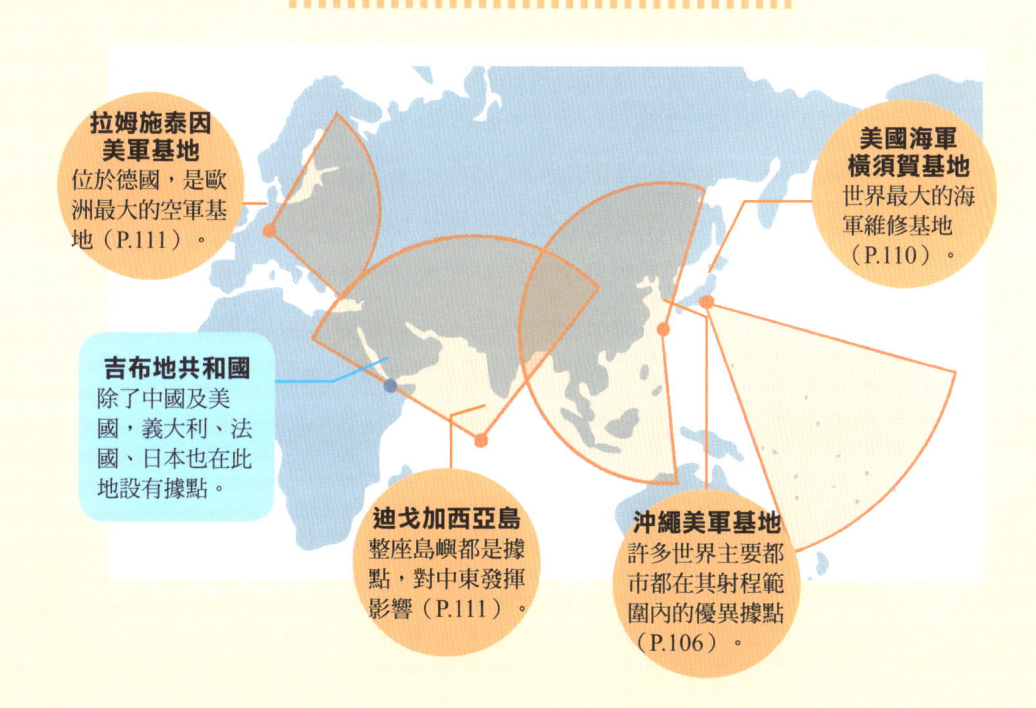

拉姆施泰因美軍基地
位於德國，是歐洲最大的空軍基地（P.111）。

美國海軍橫須賀基地
世界最大的海軍維修基地（P.110）。

吉布地共和國
除了中國及美國，義大利、法國、日本也在此地設有據點。

迪戈加西亞島
整座島嶼都是據點，對中東發揮影響（P.111）。

沖繩美軍基地
許多世界主要都市都在其射程範圍內的優異據點（P.106）。

地緣政治學專欄

02

地緣政治學的真貌及基礎概念
與一般學問稍有不同

在這裡，我要為大家說明地緣政治學究竟是什麼，以及除了第一章介紹的「六項基本概念」以外，還有哪些基礎概念及思考方式。

地緣政治學並非「系統化的學問」，
而是一種「方法論」

近年來，地緣政治學在新聞節目和雜誌等媒體上出現的頻率增加了。不過，我相信有很多人還沒有正確地認識這門學問的全貌。地緣政治學被稱為「學」，因此很可能讓人以為這是一門經過系統化整理、學術性的學問。然而，實際上地緣政治學並沒有系統化的邏輯，也沒有一套能夠解釋一切的理論。

地緣政治學是基於過去案例所累積而成知識，是**「以地理條件為基礎的國際政治與外交方法論」**。換句話說，國與國之間的關係及國際社會，會受到歷史、經濟、科技、國民情感等無數因素的複雜影響而變化，而地緣政治學正是以地理條件為切入點的一套思考方法。

正因為地緣政治學選擇從最普遍的切入點出發（所有國家都具備地理條件），所以能在國家經營、自我防衛等基本議題上，

提供最有效的指引，確保本國的安全與優先地位。

世界地圖與「視覺化思考」

由於地緣政治學是以地理條件為基礎的學問，因此「視覺化」是相當重要的概念。學習這門知識時，需要了解宗教、種族與民族問題，以及根深柢固的對立歷史等知識。這些知識對於理解世界局勢非常有幫助，但最重要的依然是地圖，因為**在地緣政治學中，所有內容都可以透過地圖來說明**。因此，盡可能「將概念、簡易地圖以視覺化的方式呈現」就是本書的主題之一。

規畫宏觀視角的「大戰略」，而非作戰方法

此外，在地緣政治學中，「大戰略」是一項重要概念。根據戰略理論大師科林・格雷（Colin S. Gray，也是本書監修者的老師）所言，戰爭國家的戰略層級由上而下分別是：①世界觀、②政策、③大戰略、④軍事戰略、⑤作戰、⑥戰術、⑦戰技。地緣政治學雖然也應用在④軍事戰略上，但本質上是為③大戰略而生的理論。具體來說，地緣政治學所關注的並不是④～⑥的實際「作戰方法」，而是為部隊布局、補給路線、資源分配方法等③大戰略提供視角。

總而言之，「**不局限於局部，而是用地圖（大範圍）觀察國家**」才是地緣政治學的真正視角。

從地緣政治學角度看透
「三大戰略地區」的推移演變

　　從地緣政治學觀點來看，本書第8頁（前言）、第33頁（美國地緣政治）都提到的「三大戰略地區」，相當重要。

　　其中，作為世界霸權國的美國，深度介入**西歐、中東、東亞三個地區**（俄羅斯、伊朗、中國等對立國家都位在這些區域）。目前這「三大戰略地區」都發生了衝擊國際社會的衝突與大型事件，未來也很可能再次發生衝突。正因如此，**用地緣政治學觀點思考國際社會時，理解並預測這「三大戰略地區」的變化和發展趨勢至關重要。**

Chapter 2
Great power Geopolitics

認識能夠撼動世界的大國戰略

美國、俄羅斯、中國的地緣政治學

對當今世界具有巨大影響力的國家有美國、俄羅斯以及中國。
本章將介紹這些大國的特徵、目前面臨的問題，
以及國家領導人針對未來局勢所懷抱的戰略。

的特質

> 深入觀察世界霸權國家美國的地緣政治優勢，以及衛冕霸權的戰略。

I 歷史
因為是座「孤立的巨大島嶼」，美國才能夠發展為海洋霸權國家

美國的邊境大多鄰海，四周也沒有能夠與之抗衡的國家，因此在地緣政治學上被視為一座島嶼。其他國家難以侵略美國，美國向外征討則相對容易。美國透過向加勒比海及太平洋擴張而獲得海洋霸權，進而掌握世界霸權。

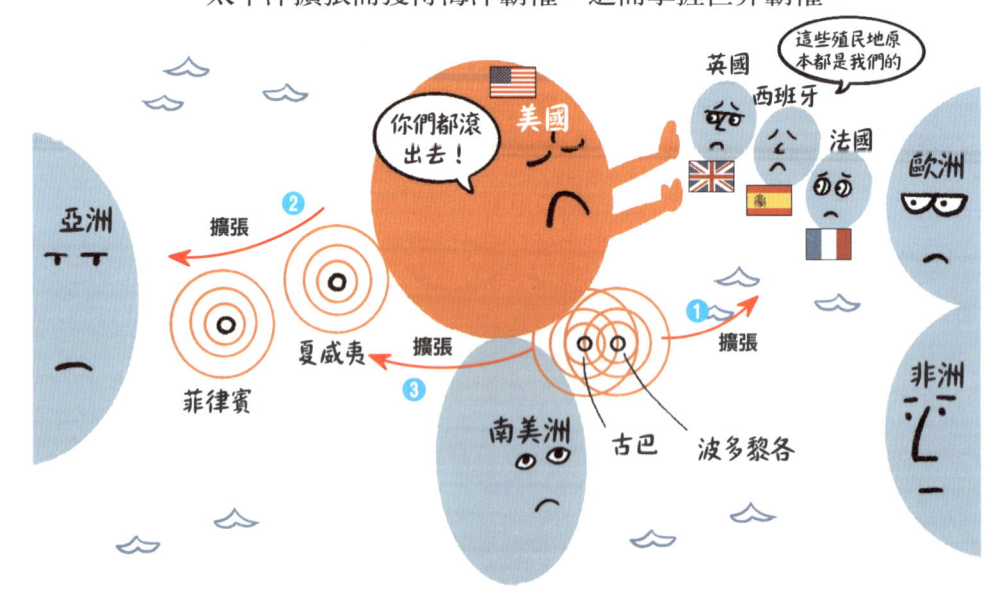

❶ 稱霸近海，邁向海洋強權

美國在美西戰爭中戰勝西班牙，占領波多黎各及古巴並據此發揮影響力，開始在近海（加勒比海）稱霸。

❷ 向太平洋邁進，海洋強權急速擴張

美國稱霸加勒比海的同年也併吞了夏威夷，打贏美西戰爭更讓勢力範圍擴及菲律賓及關島，開始在太平洋發揮影響力。

❸ 興建巴拿馬運河，連接太平洋與大西洋

巴拿馬脫離哥倫比亞獨立後，美國向巴拿馬取得運河區的永久租借權[※]，興建巴拿馬運河。

※作者注：指一國向另一國租借部分地區，在租借期間對該地區享有統治權。

認識美國地緣政治

II 戰略
涉足世界三大戰略區域，控制歐亞大陸

掌握了世界霸權的美國，目前的基本戰略是：一面觀察歐亞大陸邊緣地帶三大戰略區域的平衡，同時積極干預正要抬頭的國家。

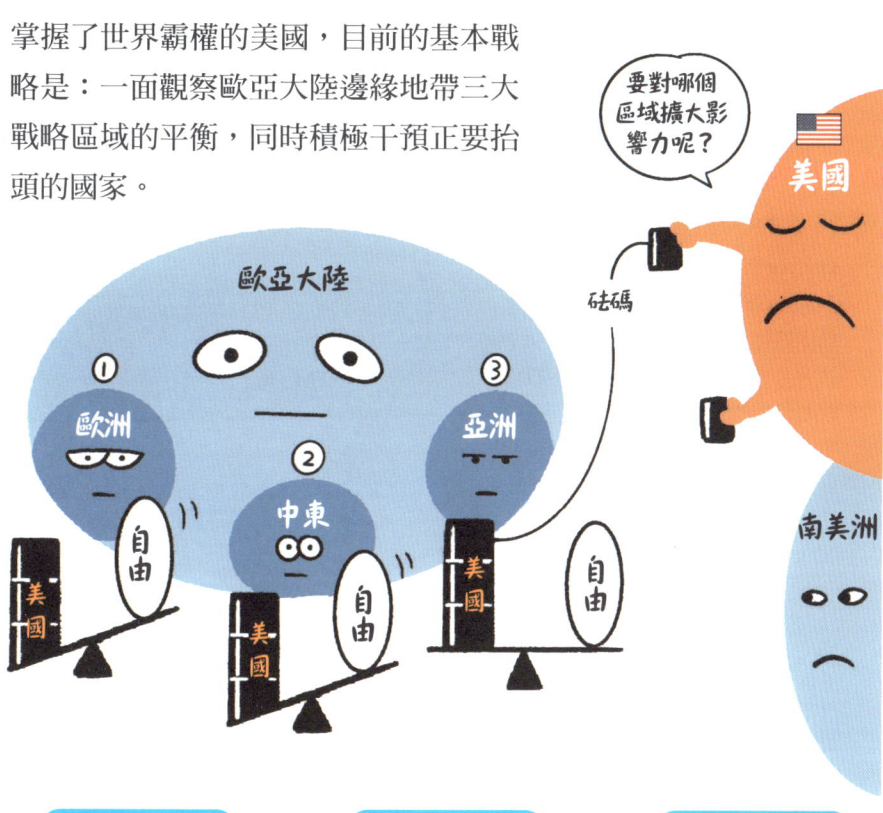

要對哪個區域擴大影響力呢？

美國

歐亞大陸

① 歐洲　② 中東　③ 亞洲

自由　美國　砝碼

南美洲

① 歐洲
目前主要對立國
俄羅斯

美國與歐洲各國建立「北大西洋公約組織」（NATO）軍事聯盟，防止威脅歐洲的俄羅斯將勢力擴張至此地區。（P.44）

② 中東
目前主要對立國
伊朗

中東地區對美國的重要性已不如以往，目前美國在此與沙烏地阿拉伯等國合作牽制伊朗。（P.40）

③ 亞洲
目前主要對立國
中國

對美國而言，亞洲的威脅是不斷迅速向世界擴張的中國。美國透過在韓國及日本設置基地來監視中國。（P.36）

> 解說

把國家打造成「巨大島嶼」，成為世界上最大的海洋強權國

在建國初期，美國是只擁有東部十三州的小國家，在向西部擴張的過程中才漸漸擴大領土。一八九〇年，美國宣告西部陸地邊疆不復存在，成為統一的「島嶼（國家）」。

隨後，美國在美西戰爭中取得勝利，獲得了進軍海洋的重要據點。美國東西兩側有海洋包圍，與歐亞大陸距離遙遠，本土受他國攻擊的風險極低，**周邊也沒有足以構成威脅**

美國成為「島嶼」的過程

1776年自英國獨立時，美國只擁有東部13個州，之後不斷往西擴張，開拓邊疆。1848年取得加州，1890年宣告消除所有陸地邊疆，成為統一的巨大島嶼。

地圖標註年份：1783年（13州）、1803年、1818年、1819年、1845年、1846年、1848年

> 擴張領土，稱霸全境

美國的地理位置幾乎不須擔心被侵略

與美國國境接壤的國家是加拿大及墨西哥，加拿大的GDP約為美國的7.8%，墨西哥則約等於美國的6.5%，兩國國力均不足以和美國競爭。此外，亞洲、歐洲和美國的距離都十分遙遠，難以侵略美國本土。

> 美國難以入侵!!

加拿大GDP 約2.1兆美元
美國GDP 約27兆美元
墨西哥GDP 約1.8兆美元
約9,000公里
約6,000公里
亞洲　歐洲

的國家。因此，美國能夠毫無阻礙地向海外出兵，成為一個強大的海洋強權國。

美國的基本戰略是從歐亞大陸外部壓制世界三大戰略地帶：亞洲、中東、歐洲，達到權力平衡。為此，**美國已在世界各地的交通樞紐設置軍事據點，展現強大的存在感。**

然而，在川普政府上臺之後，美國國內漸漸冒出許多反思的聲音，包括質疑戰略利益與經費支出是否成比例，以及是否該減低對他國干預等等。

在世界各地設置軍事據點，擔任「世界警察」的角色

美國以「世界警察」自居，在世界各地設有軍事據點，以便任何地方出事時都能立即派遣軍隊。根據美國國防部2018財政年度的《基地結構報告書》（Base Structure Report），美國在海外45個國家設有基地，總數達到514座。

> 美國在本土之外設有超過500座基地，活動範圍涵蓋全世界！

規模較大的軍事據點

① 拉姆施泰因空軍基地（德國）
② 巴林海軍支援基地（巴林）
③ 嘉手納基地（沖繩）
④ 美國海軍橫須賀基地（橫須賀）
⑤ 迪戈加西亞島美軍基地（印度洋）
⑥ 珍珠港-希卡姆聯合基地（夏威夷）

01 Question

三大戰略區域 ❶ 亞洲
面對急速成長的中國，美國有何計畫？

美國

日本

韓國

美國

澳洲

「自由開放的印度太平洋」（FOIP）計畫

這份計畫旨在將日本、美國（夏威夷）、澳洲、印度連結成一張菱形的網，加強保衛南海與印度洋的安全。

Chapter2 美國、俄羅斯、中國的地緣政治學

土耳其

吉布地

中國

「一帶一路」計畫

堪稱為現代版海陸絲路的巨大經濟圈計畫（P.88），中國藉此爭奪世界霸權。

東南亞

陸地強權與海洋強權對立

印度

美國的**意圖**

團結海洋強權勢力，以印太戰略對抗中國，阻止擴張。

陸地強權　海洋強權

以海洋強權美國為首，協同日本、澳洲、印度，牽制陸地強權中國。

37

01 Answer

美國謹慎守護世界霸權地位，出盡計策牽制對手

在經濟面和軍事面，中國都在步步進逼美國

解說

集結海洋強權勢力，阻擋中國向海洋擴張

美國的亞太戰略是以日本為據點來壓制中國，維持整體穩定。隨著中國崛起，美國在歐巴馬政府時代一度採取重視亞洲的「亞太再平衡」政策，但隨後又放棄了「世界警察」的角色。中國藉此機會欲發展成為海洋強權，近年來在南海建立基地，

中國成為世界第二大經濟體，對美國造成極大壓力

2005年，中國的GDP還僅居世界第五，2010年便已超越日本，成為世界第二，2023年更成長為日本的四倍。

2005 年		2010 年	
第一名	美國	第一名	美國
第二名	日本	第二名	中國
⋮		第三名	德國
第五名	中國	第四名	日本

中國排名大躍進

美國在最先進的半導體領域加強對中國的制裁

從川普執政時代開始，美國就對中國實施制裁，拜登時代也對中國的半導體開發領域採取嚴厲的限制措施，以避免中國在經濟與軍事上掌握優勢，兩國正嚴重對立中。

美國的制裁手段
・限制各國對中國出口半導體先進產品及生產設備
・將中國的半導體設計公司列入貿易黑名單

擴大影響力（P76），也提出「一帶一路計畫」，向印度—太平洋擴張（P88）。

以往，美國對各戰略區域採取的方針是交由該地區的當事國處理，只要不損及美國利益就不加以干預。

然而，美國為了追求和平穩定及經濟成長，絕不能將海洋霸權拱手讓人。因此，**美國透過對中國的半導體產業實施經濟制裁及強化「印太戰略」等牽制手段**，意圖加以封鎖中國。

美國的「印太戰略」是什麼？

美國批判中國的一帶一路計畫讓許多發展中國家債台高築，落入債務陷阱（P.88）。除了一帶一路計畫之外，中國更在南沙群島及西沙群島動作頻繁，企圖擴張勢力範圍，對此美國則採用「自由開放的印度太平洋」計畫與之對抗。計畫內容是聯合日本、澳洲、印度，四國共同保障印度洋及太平洋的貿易要道與國際法規。

印太保衛機制：「自由開放的印度太平洋」計畫

日本於2016年提出此一概念，經美國採用作為亞洲地區的應對戰略。計畫內容為海洋強權國家協力合作，共同守護印度洋、東海、南海的海洋貿易要道與區域秩序穩定。目的在於壓制中國以一帶一路為起手式的爭霸行為。目前除了紐西蘭外，還包括加拿大、英國、法國，2022年韓國也宣布加入並分享這項計畫。

成員國
- 美國
- 日本
- 印度
- 澳洲
- 紐西蘭等國家

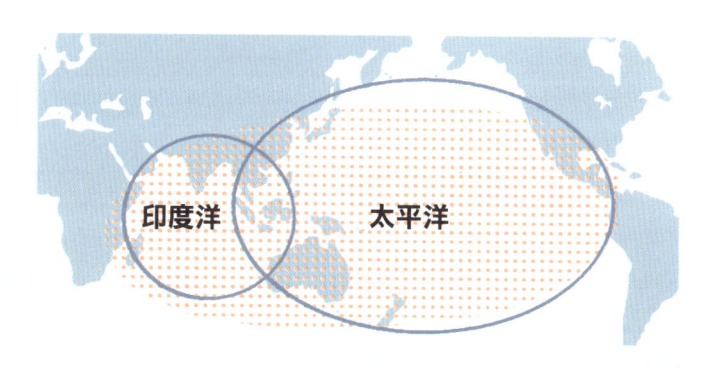

印度洋　太平洋

02 Question

三大戰略區域 ❷ 中東
美國與中東各國目前的關係究竟如何？

伊拉克
阿拉伯聯合大公國
巴林
土耳其
以色列
沙烏地阿拉伯

美國

美國曾短暫撤離中東，卻因武裝組織及宗教問題再次涉入，關係複雜化

與中東的關係 1

美國從2010年代起開始能夠自產石油，因此暫時撤離中東。但近年來由於伊斯蘭國及庫德族人的問題，以及哈瑪斯與以色列衝突，使得美國更密切涉入這一地區，中東關係也更加複雜。

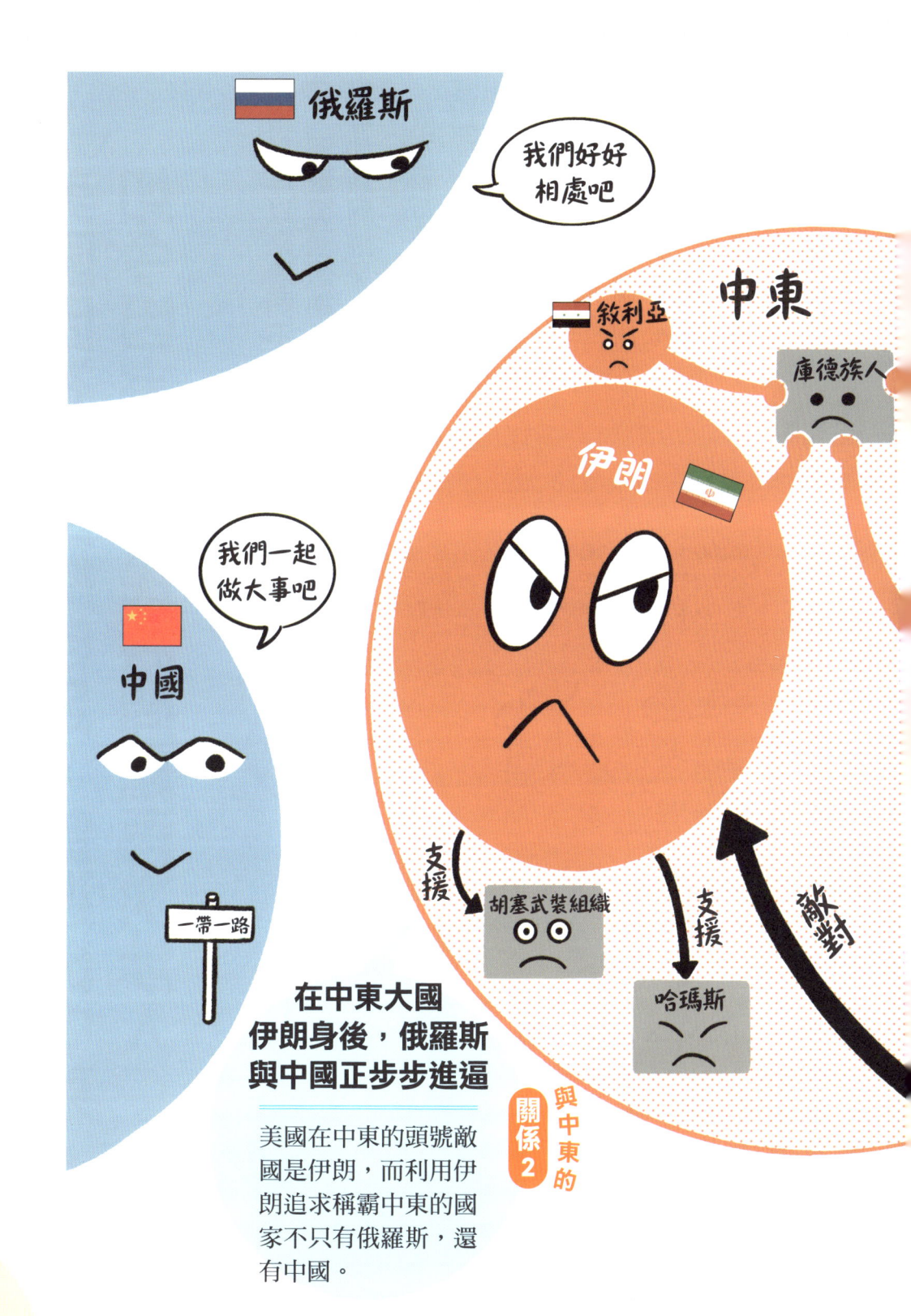

在中東大國伊朗身後，俄羅斯與中國正步步進逼

美國在中東的頭號敵國是伊朗，而利用伊朗追求稱霸中東的國家不只有俄羅斯，還有中國。

與中東的關係 2

俄羅斯：我們好好相處吧

中國：我們一起做大事吧（一帶一路）

中東：敘利亞、庫德族人、伊朗

伊朗 支援 胡塞武裝組織
伊朗 支援 哈瑪斯
庫德族人 敵對 伊朗

02 Answer

確保石油開採權以及對抗前蘇聯的時代已成過往⁉

美國因石油自給自足，曾退出中東，如今因宗教和民族問題再次涉入

解說

中東長年以來爭鬥不休，導致美國想抽身也無法順利抽身

為了保有石油開採權以及防止前蘇聯勢力南下擴張，美國在中東地區一直致力於協助親美國家的建設。川普政府時代與以色列交好的態度尤為明顯，與伊朗關係則前所未有地惡劣。伊朗是中東地區最大國家，更籠絡了俄羅

> 美軍在中東地區圍繞著伊朗駐紮軍隊

美國在中東地區的戰略目的為確保石油輸油管安全無虞，以及封鎖敵對的伊朗。

為此，美國在科威特、阿拉伯聯合大公國、阿曼等國沿岸地區設置軍事據點。

- 土耳其
- 黎巴嫩
- 敘利亞
- 伊拉克
- 約旦
- 以色列
- 科威特
- 卡達
- 伊朗
- 阿富汗（2021年美軍撤退）
- 阿拉伯聯合大公國
- 沙烏地阿拉伯
- 阿曼
- 葉門

> 美軍包圍伊朗！

42

斯為其撐腰,因此壓制伊朗勢力抬頭並牽制俄羅斯成為美國在此區最重要的課題。為此,美國與親美的沙烏地阿拉伯及以色列合作,來對抗伊朗。

然而實際上,隨著美國在國內發現了頁岩油,美國對中東的倚賴程度已較過去減低不少。但由於二〇二三年盟國以色列與哈馬斯等非國家組織爆發衝突,以及胡塞武裝部隊威脅海上運輸路線,中東局勢變得更加複雜,導致美國再次涉足此區域。

改變世界能源局勢的頁岩油究竟是什麼?

頁岩是地表下2,000公尺深處的沉積岩,從頁岩層開發出的原油就是頁岩油。隨著開採技術進步,美國本土開始能夠採掘並提煉出頁岩油。2013年,美國的原油開採量首度超越進口量,從原油進口大國逐漸轉變為出口大國。目前,美國因為出產頁岩油,已經成為世界最大的石油生產國。

美國是世界最大的石油生產國

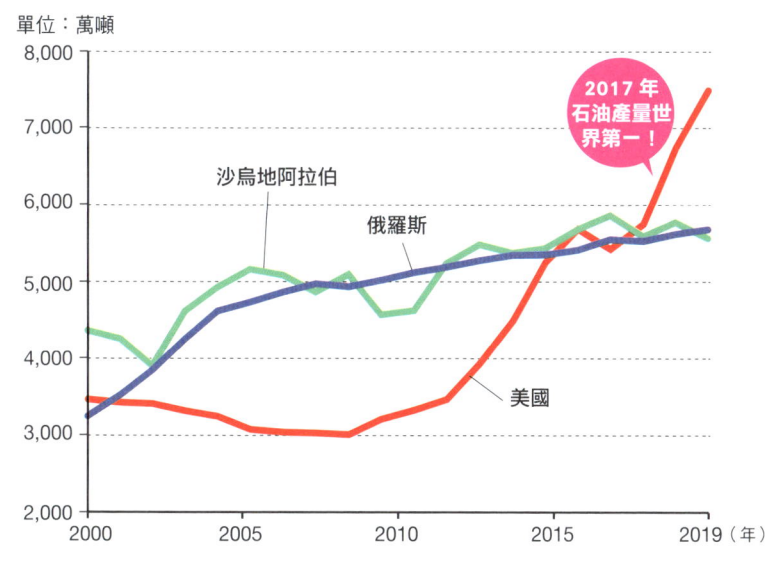

單位:萬噸

2017年石油產量世界第一!

沙烏地阿拉伯
俄羅斯
美國

資料出處:BP plc

03 Question

三大戰略區域 ③ 歐洲
關鍵國家是**烏克蘭**、**波蘭**和**中東的土耳其**？

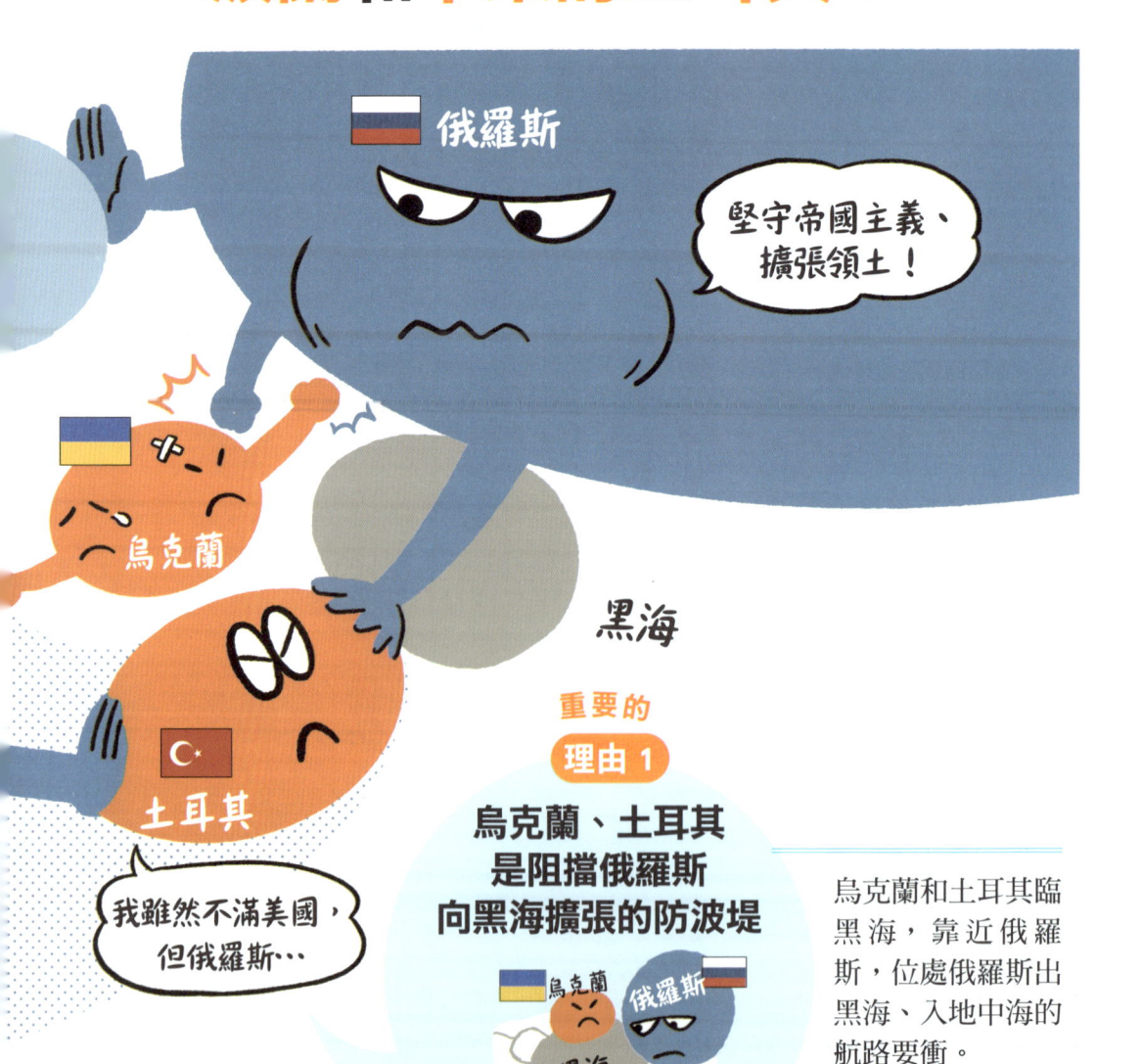

俄羅斯：堅守帝國主義、擴張領土！

烏克蘭

土耳其：我雖然不滿美國，但俄羅斯⋯

黑海

重要的理由 1

烏克蘭、土耳其是阻擋俄羅斯向黑海擴張的防波堤

烏克蘭和土耳其臨黑海，靠近俄羅斯，位處俄羅斯出黑海、入地中海的航路要衝。

重要的理由 2

波蘭位處俄羅斯與歐洲中間，是陸地要道的屏障

美國派　　　　俄羅斯派

美國　波蘭　白俄羅斯　俄羅斯

雖然俄羅斯與波蘭之間還有白俄羅斯，但白俄羅斯曾是蘇聯成員國，屬俄羅斯派勢力。因此波蘭實際上等於和俄羅斯勢力正面對抗。

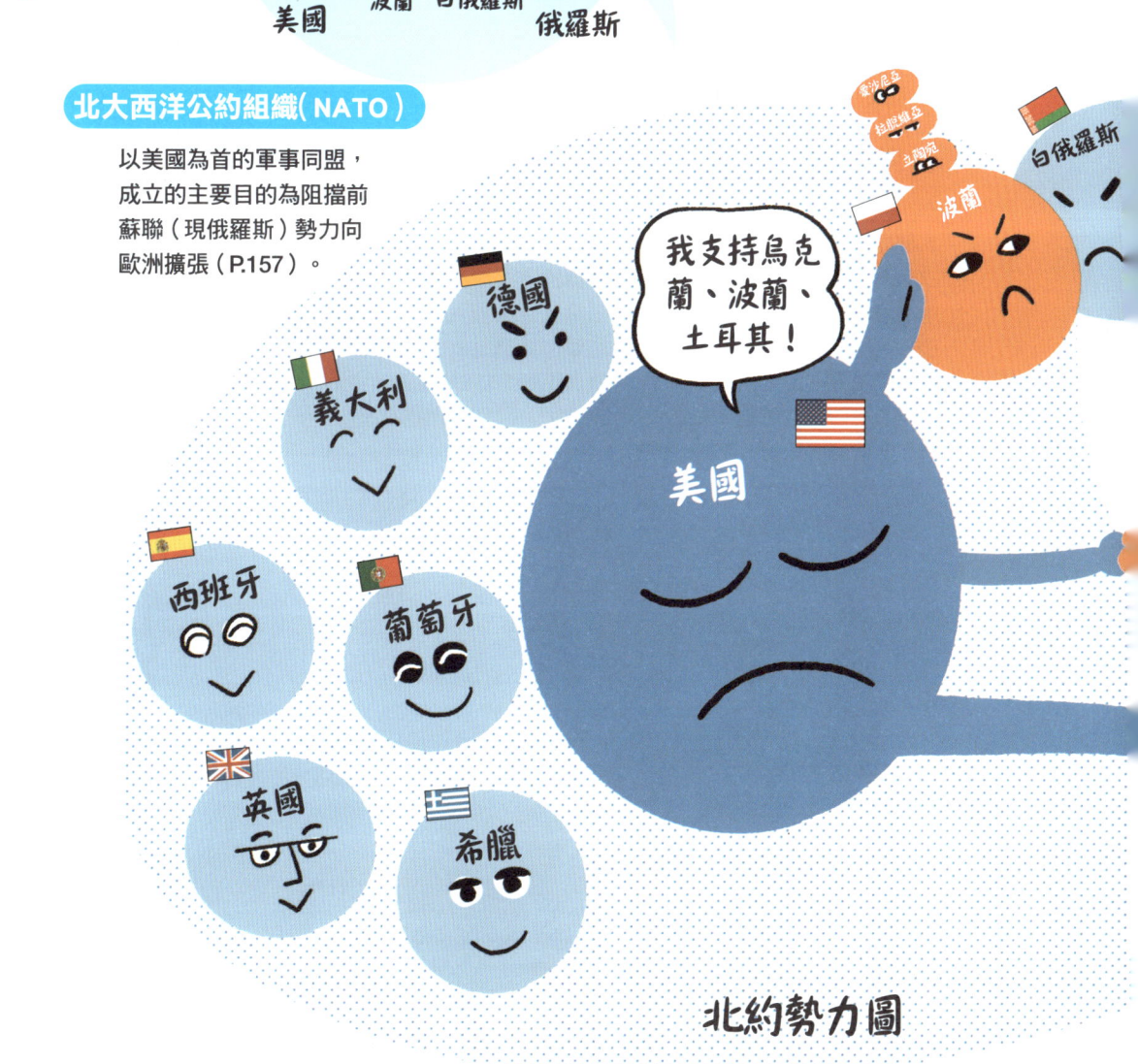

北大西洋公約組織（NATO）

以美國為首的軍事同盟，成立的主要目的為阻擋前蘇聯（現俄羅斯）勢力向歐洲擴張（P.157）。

愛沙尼亞
拉脫維亞
立陶宛

波蘭　白俄羅斯

德國

義大利

我支持烏克蘭、波蘭、土耳其！

美國

西班牙

葡萄牙

英國

希臘

北約勢力圖

03 Answer

防堵俄羅斯擴張的防波堤
烏克蘭、波蘭和土耳其位在俄羅斯擴張路線的最前線

解說

進出歐洲的要道，是防堵俄羅斯擴張的關鍵

保衛歐洲安全至關重要的國家和地區，包括東歐、波蘭和土耳其。

自冷戰時期以來，美國與西歐多國家組成名為「北大西洋公約組織」（NATO）的軍事同盟，共同對抗蘇聯。冷戰結束後，北約也納入東歐國家

> 北約是對抗俄羅斯的軍事聯盟，成員國齊心協力，防堵俄羅斯擴張

軍事同盟「北約組織」的成立目的，是抵禦以前蘇聯為中心的共產主義國家。依據公約，成員國遭受攻擊時，其他成員國必須協助防衛。初始成員國包括美國、加拿大、西歐各國等一共12個國家，隨著冷戰結束，曾屬於俄羅斯派的波蘭也加入北約組織。受俄國入侵烏克蘭的影響，芬蘭於2023年加入，瑞典也於2024年加入，這兩個北歐中立國相繼成為北約成員。

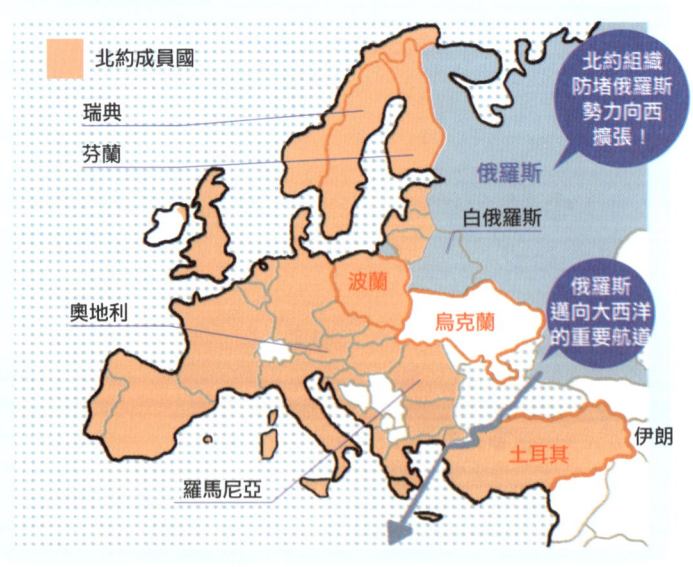

- 北約成員國
- 瑞典
- 芬蘭
- 奧地利
- 俄羅斯
- 白俄羅斯
- 波蘭
- 烏克蘭
- 土耳其
- 伊朗
- 羅馬尼亞

> 北約組織防堵俄羅斯勢力向西擴張！

> 俄羅斯邁向大西洋的重要航道

46

一起壓制俄羅斯。俄羅斯則頑強抵抗，並做出強行併吞克里米亞等舉動。

目前，美國相當重視位於俄羅斯進出大西洋路線（P54）上的黑海周邊國家和波蘭。在黑海周邊國家之中，**美國支持烏克蘭，並與北約成員國土耳其合作。此外，波蘭也是北約與俄羅斯勢力接壤的重要地區**，二〇二三年，美國陸軍在該國新設了一個駐屯地。

與俄羅斯隔黑海相望的土耳其，地位相當重要！

如P.56地圖所示，俄羅斯要前進大西洋，必須取道由黑海通往地中海的要道。位處要道口的土耳其因此具有相當重要的地位。土耳其雖然地緣上屬於中東，但在二戰後認同美國的歐洲復興政策，並加入了北約組織。

波蘭是防堵俄羅斯從陸面擴張的關鍵

俄羅斯透過陸路向歐洲擴張時，波蘭就是進出的陸地關卡。位於北約成員國波蘭和立陶宛邊界的「蘇瓦烏基走廊」（Suwałki-Gap）是重要的戰略要地。俄羅斯的飛地加里寧格勒和屬於俄羅斯陣營的白俄羅斯之間的距離僅有100公里，若俄軍派遣部隊前往，將能輕易中斷波蘭和立陶宛的聯繫，因此美國和北約對此保持高度警戒。

04 Question

霸權國烏雲罩頂？
美國即將發生內戰只是傳聞嗎？

美國

> 大家一起為國家努力吧！

2021 年美國國會大廈攻擊事件，反映民主危機？

川普總統的支持者認為拜登當選是選舉舞弊的結果，於是襲擊國會大廈。這起試圖以武力推翻選舉結果的事件，被視為對民主的攻擊。

**內戰的氛圍 1
不穩定的民主**

深入分析美國

美國的政壇主要分為兩黨：秉持自由主義、目標打造平等社會的「民主黨」，以及重視市場的保守派「共和黨」。近年來兩黨的理念差距已經大到無法互相妥協，同時，民主黨拜登與共和黨川普在2024年總統選舉中的對決，讓分裂更加嚴重。

政黨傾向	共和黨	民主黨
主張	保守主義	自由主義
地區	中西部、南部、農業區	東岸、西岸、大都會圈
支持者屬性	白人、勞工、基督教徒	少數族裔、窮人、富人階層

內戰的氛圍 2
文化、種族和宗教上的分裂

人人平等很重要！

我代表美國！自由才是第一優先！

美國內戰被認為是全球最大的地緣政治風險之一。

阿拉斯加　　夏威夷

04 Answer

根據內戰專家的研究結果發現！
目前的美國完全具備爆發內戰的條件！

解說

內戰風險升高的特徵：政治分裂、優勢階層衰落

目前美國的情況與內戰國家有兩個共同特徵完全吻合：一是政治現況，**當國家介於民主主義與專制政治之間的狀態時，發生內戰的可能性就會增加**。美國發生了國會大廈遇襲等事件，造成民主不穩定，正符合這項條件。

> 提高內戰風險的不是「貧窮」和「政治腐敗」，而是「介於專制政治與民主主義之間」的狀態

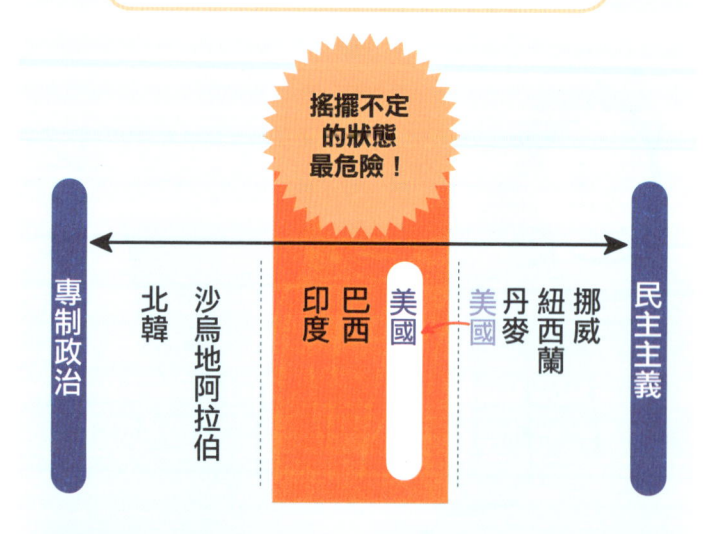

搖擺不定的狀態最危險！

專制政治 ←――――――――――→ 民主主義

- 北韓
- 沙烏地阿拉伯
- 巴西
- 印度
- 美國
- 丹麥
- 紐西蘭
- 挪威

（美國曾位於民主主義一側）

國家政體的光譜以民主主義與專制政治為兩端，我們可以由此來判斷每個國家坐落在哪個位置。選舉制度相當公平的挪威是完全的民主主義，相對地北韓在政治上則完全無法反映民意，因此是完全的專制政治。內戰風險最高的位置不是兩端，而是中間。當民主主義崩解、向專制政治靠攏，或是獨裁者被推翻、轉向民主主義時，發生內戰的機率最高。無論貧窮和不平等再怎麼嚴重，只要維持完全的專制政治就難以發生內戰，「部分實現民主主義的狀態」反而更可能引發內戰。

50

二是文化與宗教上的對立加劇，以及社會的原優勢階層衰落。美國兩黨造成社會分裂，同時間黑人社會地位的提升讓 🔴 過去處於社會優勢階層的「傳統白人」感到「沒落」，使得後者可能成為內戰的導火線。過去，🔴 伊拉克曾因為伊斯蘭教內部對立導致內戰，現在的美國正與當時的伊拉克處境十分相似。

「所謂的白人」優勢地位下降！想要「重新獲得失去的東西」的意識掀起內戰？

白人的優勢地位下降

美國的亞裔與西班牙拉丁裔人口不斷增加，多元性逐步提升。在這種情況下，原本擁有較高社會地位、「想要取回失去的優勢地位」的白人似乎不在少數。事實上，襲擊國會大廈的參與者中，有半數以上都是白人的企業經營者及律師等。

失去優勢地位的遜尼派與什葉派發生衝突，導致了伊拉克內戰

伊拉克

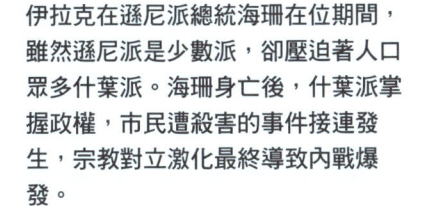

什葉派　　遜尼派

伊拉克在遜尼派總統海珊在位期間，雖然遜尼派是少數派，卻壓迫著人口眾多什葉派。海珊身亡後，什葉派掌握政權，市民遭殺害的事件接連發生，宗教對立激化最終導致內戰爆發。

05 Question

決定美國未來路線的總統選舉
共和黨的川普和民主黨的拜登有何不同？

※編注：拜登已宣布退選，由賀錦麗（Kamala Harris）接棒參選

由上而下決定各種事情

就任總統前幾乎沒有從政經驗

能夠快速地執行重大的改革

時常讓同盟國感到困惑混亂，美國官僚體系更是人仰馬翻

美國前總統川普
任期 2017～2021 年

解說
美國拉攏同盟國合作，對抗急遽成長中的中國

川普經常以一言堂的方式決定政策，使同盟國感到混亂，而拜登在推動事務時則較注重與其他國家的溝通與協調，讓同盟國更容易配合，但同時也必須面臨國內反對黨（共和黨）的反彈。然而，拜登作為美國歷任總統中年齡最長的一位，執政情況令人相當憂心。

拜登政府的外交政策和川普政府一樣，都將外交重心放在中國，並未改變。

Answer

川普奉行「美國第一」政策，拜登則注重穩健推動事務

大選成為美國分裂的象徵

- 在歐巴馬主政時期擔任副總統及民主黨參議院外交委員會主席等，**外交經驗豐富**
- 遵循正規程序，**承諾要推動的事務會確實執行**
- 重視與身邊官僚及同盟國的溝通協調，容易配合
- 速度較不明快，國際上並**不期待拜登政府會實施重大改革**

拜登總統
任期 2021～2025年

對中國的強硬立場，但應對方式卻大不相同。川普的方式是獨自主導談判、製造談判破口。拜登雖然在二〇二一年阿富汗撤軍行動中失敗，但仍與歐洲各國維持良好的信賴關係。在面對中國談判時，拜登政府由於能夠代表同盟國的整體意見，因此比較能夠獲得中國的妥協讓步。

至於日本，美國在其亞洲戰略中賦予日本重要角色，因此日本未來將需要付出更多努力來配合盟友。

的特質

擁有世界最廣闊領土，曾為世界第二大國的自豪心理影響著俄羅斯今日的外交戰略

I 歷史
向海外擴張的路線有「5大南下要道」+「新北極海航道」

受制於地理條件，俄羅斯向海外擴張的要道與蘇聯時期相同。這些要道總共有6條（可通行與不可通行者都包括在內）。

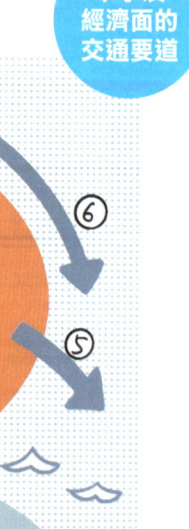

軍事及經濟面的交通要道

①波羅的海航道
俄羅斯的主要交通要道，也是少數經過俄羅斯本國海岸的要道。

②歐洲陸路要道
前蘇聯侵攻德國時的主要路線。從白俄羅斯經波蘭通往德國。

③黑海要道
由黑海通往土耳其海峽的重要通道，目前俄羅斯與此要道之周邊國家存在糾紛。

④印度－阿富汗要道
前蘇聯時期的入侵路線，目前俄羅斯已失去對此路線的影響力，無法通行。

⑤西伯利亞－海參崴要道
位於俄羅斯東側，會經過美洲大陸的要道，也靠近日本北部的領土。

⑥北極海航道 NEW
西元2000年後開發出來的新航道，環繞俄羅斯北方海岸。

54

認識俄羅斯地緣政治

II 衝突
為了守護廣大領土,俄羅斯與鄰國建立合作關係來創造緩衝區

俄羅斯的國土面積世界第一,相鄰國家的數量也是世界第一。由於在經濟和邊境防衛上難以做到滴水不漏,因此俄羅斯選擇與相鄰國家建立合作關係,作為與敵對勢力間的緩衝區。

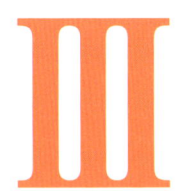

III 國土
蘇聯解體後的獨立國家,都是俄羅斯「原本擁有但失去的領土」

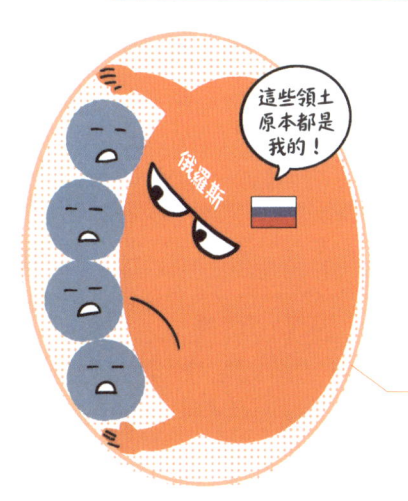

俄羅斯非常強烈地認為,蘇聯解體後的獨立主權國家原本應該都是屬於俄羅斯的領土。因此俄國對周邊國家的所有舉動,都帶有「復興國土」的意圖,想要奪回過往領土。

前蘇聯領土

> 解說

俄羅斯向南擴張的5條傳統要道

俄羅斯大部分領土的緯度都高於日本的北海道。每到冬季，港口和近海都會因結凍而無法使用，為了取得不會結凍的據點，俄羅斯的地緣政治戰略大原則就是「向南方推進」。

📍 南進的要道除了舊有的5條，如今還要再加上北極海航道。

另一方面，俄羅斯也是全世界鄰國數目最多的國家，擁有14個鄰國，因此遭他國侵攻風險較高，這是俄國的一大弱點。然而

> 冬季期間國土北部凍結，因此必須尋求不會凍結的南進據點

俄羅斯向外擴張的慣用要道

- 北極海航道
- 波羅的海航道
- 歐洲陸路要道
- 黑海要道
- 印度－阿富汗要道
- 西伯利亞－海參崴要道
- 斯塔諾夫山脈
- 薩彥嶺

俄羅斯位於歐亞大陸中心地帶。北臨冬季會結凍的北極海，南側則被其他國家包圍，因此面對海洋強權國家環伺時，易守難攻。北極海結凍使得俄國出海不易，只能想辦法取得據點，往南方推進。然而，俄羅斯南方橫亙著斯塔諾夫山脈（Stanovoy Range，即外興安嶺）及薩彥嶺，因此往南推進的路徑受到限制，傳統上能夠通行的要道只有5條。

俄國的經濟實力又遠遜於其他大國

俄國的經濟實力又遠遜於其他大國，難以全面防衛每一寸國界。於是與相鄰國家合作，將其當作對抗其他勢力的緩衝區，就成了俄國常見的戰略。

此外，俄羅斯對於周邊國家的認知是「這些蘇聯解體後才獨立的國家，都是我失去的領土」。因此併吞這些國家對俄來說只是「取回舊有領土」，心理上不會產生掙扎。

國土面積世界第一，GDP 卻遠輸美國與中國

俄羅斯	GDP：1兆9,970億美元（世界第11） 面積：1,710萬平方公里（世界第1）	約為美國的1/14！ 約為美國的1.7倍！
美國	GDP：27兆3,578億美元（世界第1） 面積：983萬平方公里（世界第3）	
中國	GDP：17兆6,620億美元（世界第2） 面積：960萬平方公里（世界第4）	
日本	GDP：4兆2,129億美元（世界第4） 面積：38萬平方公里（世界第62）	

GDP 資料來源：International Monetary Fund GDP, current prices Billions of U.S. dollars 2023
面積資料來源：CIA The World Factbook

俄羅斯擁有「世界第一大領土」，但GDP只和南韓及加拿大相當。蘇聯解體後經濟混亂，之後由於出口天然資源而有好轉，但至今仍有13%國民生活於貧窮之中。

蘇維埃聯邦解體後，分裂為俄羅斯及其他 14 個國家

蘇聯於1991年解體，分裂為俄羅斯及其他14個獨立國家。

〈解體後成立的獨立主權國家〉
俄羅斯、亞美尼亞、亞塞拜然、白俄羅斯、愛沙尼亞、喬治亞、哈薩克、吉爾吉斯、拉脫維亞、立陶宛、摩爾多瓦、塔吉克、土庫曼、烏克蘭、烏茲別克

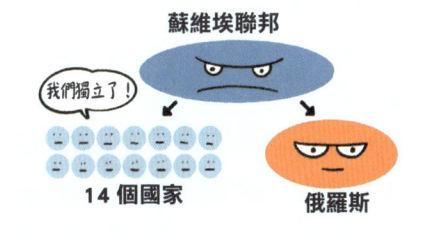

06 Question

看不見盡頭的紛爭……
俄羅斯與烏克蘭的現況與未來走向如何？

俄羅斯

俄羅斯入侵的初衷 ❶

為了保持對黑海要道的影響力，不能對烏克蘭讓步！

這些國家本來都是屬於我的！

俄羅斯入侵的初衷 ❷

不能讓北約勢力接觸到俄國的國境！因此，烏克蘭不可以加入北約！

土耳其

嗯…我雖然是北約成員，但還是必須與俄羅斯交流。

俄國入侵烏克蘭的影響 ❶

北歐兩國加入北約！俄國在波羅的海要道的航行自由度下降

俄羅斯入侵烏克蘭造成芬蘭與瑞典決定加入北約組織。波羅的海成為北約組織的內海。

> 我們加入北約，因為俄羅斯很可怕
> —— 瑞典、芬蘭

> 無論如何我最喜歡俄羅斯！
> —— 白俄羅斯

> 團結一致，烏克蘭加油！
> —— 英國、德國、義大利、法國

俄國入侵烏克蘭的影響 ❷

歐洲各國對俄羅斯立場團結一致！

雖然最初由於能源因素，各國對俄羅斯立場並未一致，但目前已團結起來。

> 不能原諒俄羅斯！我需要北約的協助！
> —— 烏克蘭

俄國入侵烏克蘭的影響 ❸

烏克蘭約有20%國土遭到俄羅斯占領

俄軍入侵與烏軍反擊拉鋸下，烏克蘭目前有約兩成國土遭俄羅斯占領，戰況陷入膠著。

06 Answer

目前看來，俄烏衝突無法順利解決⋯⋯就像日本的北海道被占領一樣。俄烏互不讓步，未來可能演變成朝鮮半島的分裂狀態!?

解說

> 戰況膠著，恐怕邁入長期化交戰⋯⋯俄羅斯的隱憂在經濟！

從地緣政治學的角度來看，俄羅斯入侵烏克蘭的目的是為了「確保黑海要道」和「阻止北約勢力擴張」。雖然成功達成了第一項目的，卻面臨北歐二國加入北約、失去波羅的海的重大挫敗。

開戰初期，俄軍進逼基

俄羅斯與烏克蘭為爭奪領土，激烈戰鬥

2022.2　入侵前
- 俄羅斯
- 烏克蘭
- 遭俄羅斯占領的地區
- 克里米亞半島

2022.3　入侵後不久
- 遭俄羅斯部分占領的地區

2022.11　烏克蘭奪回部分領土
- 烏克蘭奪回的地區

2024.5　前線戰況膠著一年以上

2022年2月普丁發表「特別軍事行動」宣言，俄羅斯隨即進軍烏克蘭。隔月俄軍進逼烏克蘭首都基輔，一度占領烏克蘭全境27%國土。烏軍展開反擊，在次月讓俄軍撤退出基輔近郊，其後也奪回部分遭占領的國土。目前烏克蘭仍有20%國土在俄羅斯控制之下，以日本比擬的話，相當於北海道完全陷落。目前戰況的進程與韓戰近似，兩軍對壘的前線未來很可能發展成類似南北韓國界的狀態。

輔，但烏軍在衛星通訊等支援下，成功奪回領土。

📍**現在烏克蘭仍有20%領土在俄羅斯的控制之下。**

📍**戰況也在雙方的壕溝戰下陷入膠著。** 如果戰爭難以在早期階段結束，戰爭前線就可能會演變成像是南北韓的邊界一樣。目前，俄羅斯的隱憂在於經濟，雖然 📍**戰爭帶來了油價上漲、景氣繁榮，然而一旦戰爭結束，經濟便可能暴跌。** 如此一來，甚至可能導致俄羅斯崩解。

壕溝、障礙物、地雷使得戰況陷入膠著

目前，俄羅斯與烏克蘭都在防禦線上挖掘壕溝以抵禦戰車，並設置名為「龍牙」的障礙物、埋設地雷等，鞏固前線以阻止對方入侵。因此，雙方都難以再輕易向前推進，戰況陷入膠著，占領範圍幾乎沒有太多變化。

俄羅斯的「戰爭經濟」就像運動選手打禁藥，一旦戰事終結……

俄羅斯的經濟本該因為遭到各國制裁而陷入不景氣，但靠著各種鑽漏洞及轉向「戰爭經濟」（以維持戰事為優先的舉措）下，俄國目前的景氣似乎還不錯。然而，一旦戰爭結束，俄國經濟便可能陷入低迷，也可能有國家趁機脫離俄羅斯掌控、追求獨立，俄羅斯甚至可能因此崩潰。

俄羅斯實質 GDP 變化

（實質GDP 左軸座標；2019年＝100，皆經季節調整；個人消費、政府支出；19-23年，四季度）

07 Question

P.104 會再次登場

「北極海航道」的出現如何影響俄羅斯和日本？

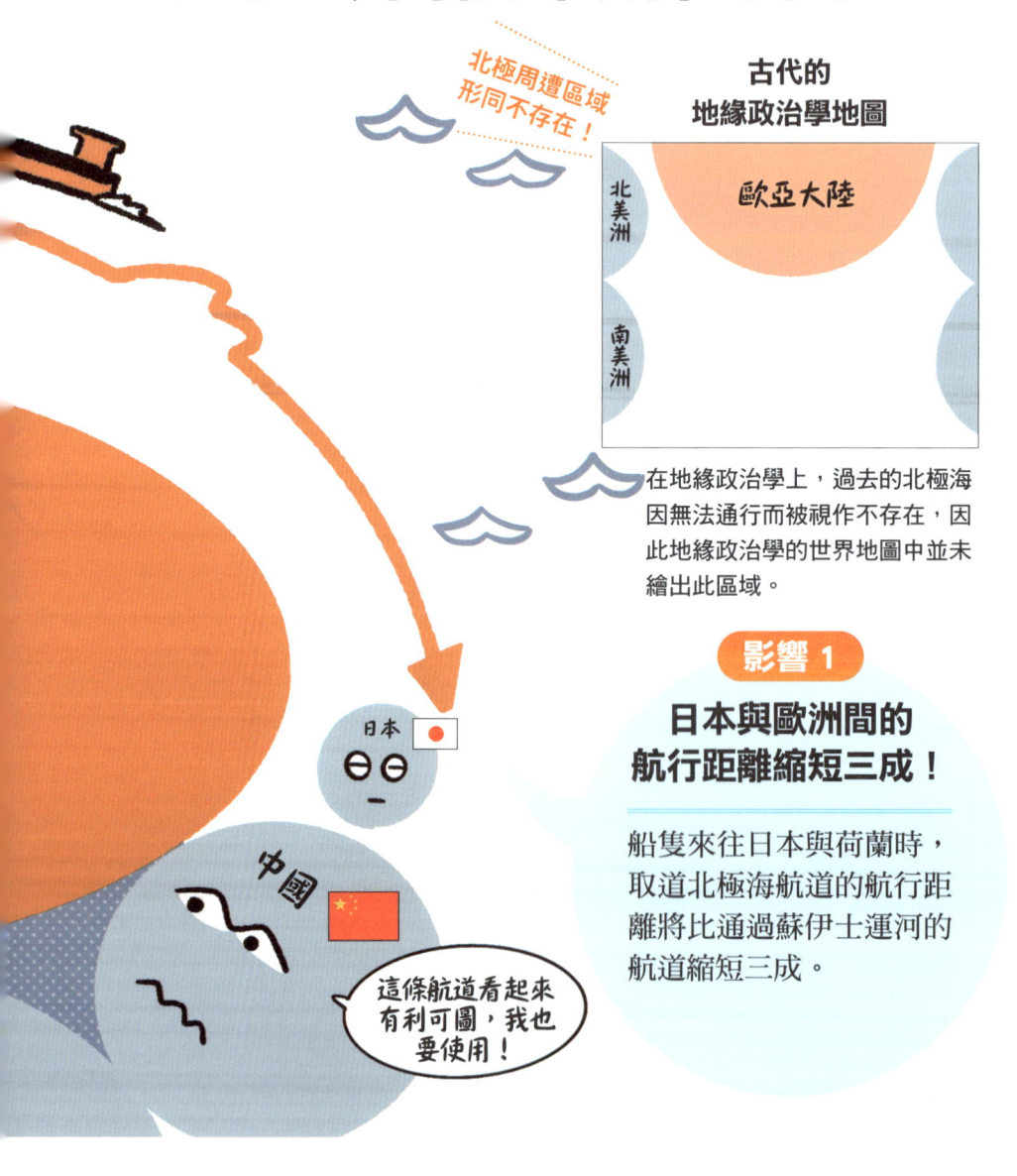

俄羅斯

北極周遭區域形同不存在！

古代的地緣政治學地圖

北美洲　歐亞大陸
南美洲

在地緣政治學上，過去的北極海因無法通行而被視作不存在，因此地緣政治學的世界地圖中並未繪出此區域。

影響 1

日本與歐洲間的航行距離縮短三成！

船隻來往日本與荷蘭時，取道北極海航道的航行距離將比通過蘇伊士運河的航道縮短三成。

日本

中國

這條航道看起來有利可圖，我也要使用！

影響 2

不會經過海盜肆虐的危險海峽，因此很安全

北極海航道位在相當寒冷的地帶，不會行經危機四伏的海峽，因此是條相當安全的要道。

> 不准私自啟用航道！

美國

加拿大

北極海航道

影響 3

向俄國取得航行許可就能使用，卻因俄入侵烏克蘭而中止啟用

原本只需要向俄國申請許可就能航行，卻因為俄國在2022年入侵烏克蘭導致這條航道中止啟用。

俄羅斯

歐洲

中東

亞洲

07 Answer

改變地緣政治學地圖的大革命

「北極海航道」具備許多優點，卻因為俄羅斯入侵烏克蘭而中止啟用

解說
北極海航道為俄羅斯帶來無限可能

「北極海無法航行」曾經是地緣政治學的常識。隨著北極融冰範圍擴大，從二〇〇〇年起北極海逐漸能夠行船，於是開通了北極海航道。

這條航道擁有其他傳統要道所沒有的優點，比如「縮短遠東與歐洲之間的

> 即將開航的北極海航道，
> 因為俄羅斯入侵烏克蘭而中止啟用

日本與歐洲間的要道

- 優點 1：航行距離縮短三成
- 優點 2：不需通過危險的海峽，很安全
- 優點 3：只需俄羅斯的航行許可
- 缺點 1：需要昂貴的破冰船
- 缺點 2：補給基地仍十分缺乏

北極海航道，約1.4萬公里
傳統航道，約2.1萬公里

因俄羅斯侵烏而中止

北極海航道必須有破冰船才能行駛，且缺乏補給基地。雖然存在以上問題，但航行距離短於傳統要道，且不經過中東、東南亞，不需與局勢不穩定的國家打交道，只需要取得俄羅斯許可，因此可說利大於弊。

然而，由於俄羅斯在2022年入侵烏克蘭，使得北極海航道的開發與使用計畫都戛然而止。往後除非俄烏休戰，且俄羅斯與日本、歐美各國恢復正常外交，否則日本將沒有機會利用這條航道。

航行距離」、「無海盜肆虐」、「只需取得俄羅斯一個國家的許可即可通行」等。**然而二〇二二年俄羅斯入侵烏克蘭一事，使得這條要道的開航計畫遭到中止**。若要解除這項經濟制裁手段，唯有結束戰爭。

此外，**北極海周遭發現了儲量龐大的石油及天然氣**。也就是說，這個區域無論在交通運輸或能源方面都將為世界帶來巨大的影響，**因此中國也加入了開發北極海的行列**。

北極海航道周圍蘊藏 龐大的石油及天然氣等資源

除了具備航道，北極海周圍還蘊藏豐富天然資源，是此區域吸引人的原因。這個區域可開採的石油儲量約占全世界13%、天然氣儲量則占全世界30%。

北極海周邊預估資源儲量占全世界比率

石油 13%
天然氣 30%

足以改變世界的能源供給現況

美國與中國對北極海航道的看法為何？

中國想要一條受美國影響最少的航線，因此積極地參與開發北極海。另一方面，由於阿拉斯加屬於美國領土，以及美國在格陵蘭設有空軍基地，因此美國對北極海具有一定的影響力，與企圖利用北極海向外擴張的中國、俄羅斯對立。

美國：想要壓制俄羅斯及中國的影響力

中國：投資大筆金錢，打造冰上絲路

08 Question

與俄羅斯密切相關的要道中除了「黑海、北極海航道」其他4條要道現況如何？

印度－阿富汗要道

目前無法使用，俄羅斯正在開發取道伊朗的新路線

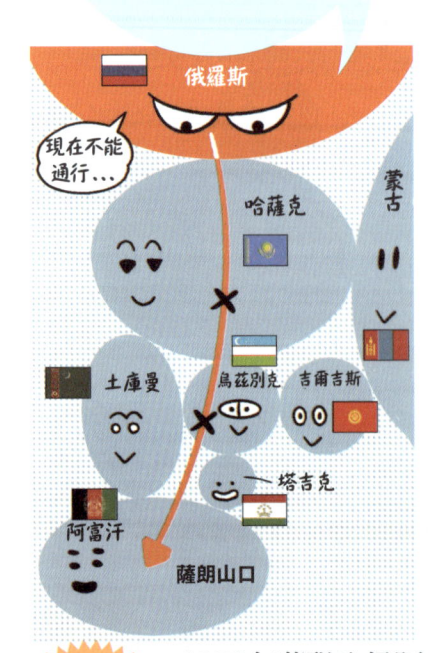

俄羅斯
現在不能通行⋯
哈薩克
蒙古
土庫曼
烏茲別克
吉爾吉斯
塔吉克
阿富汗
薩朗山口

無法通行

1979年蘇聯入侵阿富汗失敗後至今，該路線都無法通行，俄羅斯目前正在開發新的路線。

西伯利亞－海參崴要道

與日本存在南千島群島領土爭議 + 中國向海洋擴張，導致局勢不明

中國
必須拿下不凍港！
俄羅斯
南千島群島
北韓
南韓
日本

局勢微妙，視日本、中國的舉動而變化

海參崴是俄羅斯太平洋艦隊總部所在地，擁有珍貴的不凍港。

66

波羅的海要道

北約增強對波羅的海的影響力，航行現狀不明朗

俄羅斯在波羅的海沿岸設有軍港，但隨著瑞典、芬蘭兩個北歐國家加入北約，此區航行自由度降低，未來局勢不明朗。

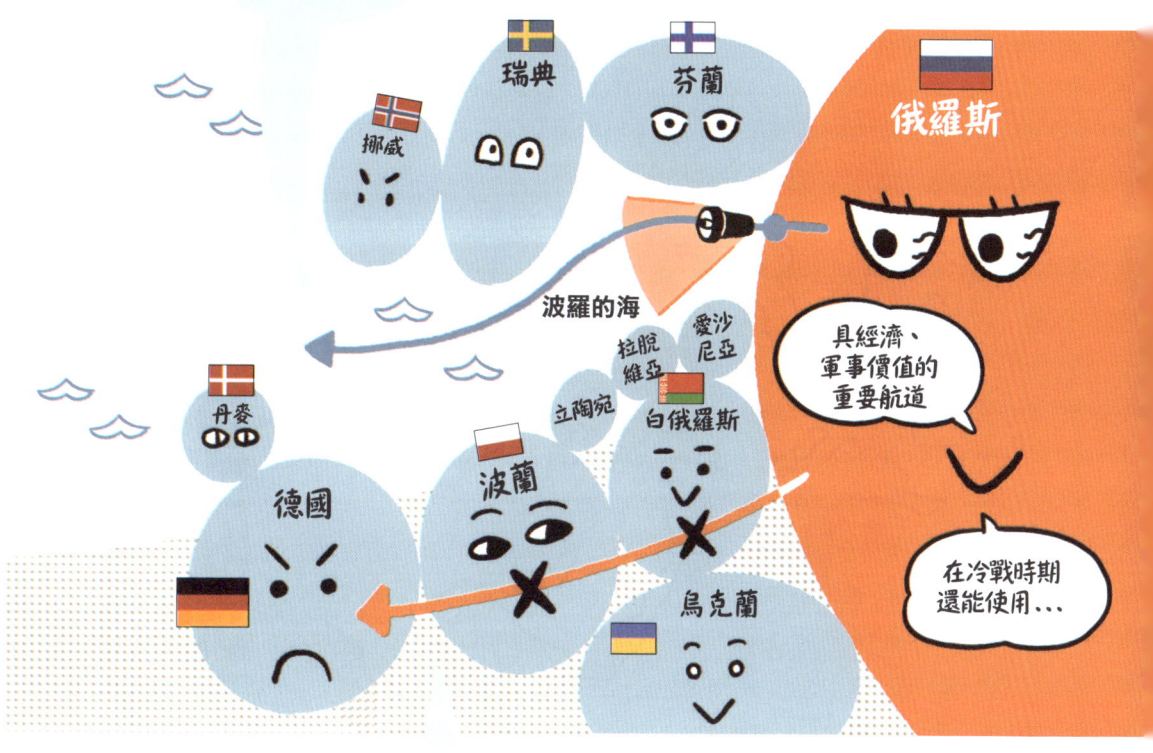

情況不明

- 挪威
- 瑞典
- 芬蘭
- 俄羅斯
- 丹麥
- 愛沙尼亞
- 拉脫維亞
- 立陶宛
- 白俄羅斯
- 波蘭
- 德國
- 烏克蘭

波羅的海

具經濟、軍事價值的重要航道

在冷戰時期還能使用…

歐洲陸路要道

二戰中蘇聯軍對抗德軍所使用的要道，現已無法通行

從俄羅斯經白俄羅斯、波蘭華沙近郊，通往德國的陸路要道。

無法通行

08 Answer

入侵烏克蘭帶來的影響！
俄羅斯正在開發新的擴張要道，舊要道多數無法通行或狀況不明

解說

從交通要道來看俄羅斯的國際關係

現況

首先，我們來看看黑海要道和北極海航道以外的四條要道的現況吧。

自蘇聯從阿富汗戰爭中撤軍後，俄羅斯就不再對「印度－阿富汗要道」具有影響力。此外，📍「歐洲陸路要道」因為通過北約組織會員國境內，俄羅

俄羅斯正著手開發新的伊朗要道

航行距離比舊要道縮短一半以上！

莫斯科
俄羅斯
裏海
伊朗
亞塞拜然

入侵烏克蘭大大影響俄羅斯過去使用的要道。其中某些要道甚至已無法通行，因此俄羅斯正在開發取道伊朗、不受北約組織影響的新要道。這條要道包含裏海海路以及通過亞塞拜然的陸路，用於運輸穀物、機械零件、武器等，俄羅斯目前正快馬加鞭地整建基礎設施。過去，俄羅斯對印度的出口運輸是經由「波羅的海要道－蘇伊士運河」路線，改走伊朗要道將能省下一半的運輸距離，帶來相當大的好處。

68

斯也無法再使用。因此，據說俄羅斯目前正在開發新的伊朗要道。

另一方面，俄羅斯入侵烏克蘭前主要使用的「波羅的海要道」，自從芬蘭、瑞典北歐兩國加入北約後，俄羅斯對此要道的影響力減弱，無法確定往後還能否安心地使用這條要道。「西伯利亞－海參崴要道」附近設有俄羅斯海軍艦隊母港，但該要道周圍涉及南千島群島領土爭議，加上近年來中國向海洋擴張，因此能否如往常般順暢通行，也很難說。

歐洲陸路要道是二戰及冷戰時期的軍事入侵路線

歐洲陸路要道從俄羅斯出發，經白俄羅斯、波蘭通往德國。二戰時蘇聯與德國在此交戰，冷戰時則是華沙公約組織的進攻路線。現在由於德國、波蘭都是北約組織成員國，成為美國海洋強權陣營的一分子，因此俄羅斯無法再使用這條要道。

蘇聯與德國曾在此發生武裝衝突！

愛沙尼亞　俄羅斯
拉脫維亞
立陶宛
德國　白俄羅斯
波蘭　烏克蘭

北歐二國加入北約組織！波羅的海由誰掌控？

長期維持中立的北歐國家芬蘭、瑞典在2023、2024年先後加入北約組織，可以說波羅的海已經變成「北約的海」。但是俄羅斯在波羅的海沿岸城市聖彼得堡及俄羅斯飛地加里寧格勒都設有軍港，駐紮著波羅的海艦隊。沒有人能夠預料波羅的海要道今後的情況。

芬蘭
瑞典
波羅的海
聖彼得堡
俄羅斯
加里寧格勒

09 Question

普丁總統如何看待俄羅斯未來的地緣政治戰略？

〈1991年～1999年〉

葉爾欽時代

經濟混亂、衝突加劇
▼
實行資本主義失敗

意識形態
「開放市場、走向資本主義，讓社會富起來！」

〈1917年～1991年〉

列寧～戈巴契夫時代

意識形態
「打造共產主義新世界，為人類社會帶來飛躍式的進步吧！」

蘇聯解體
▼
共產主義失敗

戈巴契夫

解說
普丁利用地緣政治學來正當化對外戰略

普丁總統建構的外交戰略原則是「維繫並擴張世界最大的領土」、「提升俄羅斯對國際社會的影響力」。上述戰略和過去領導者所提出的內容沒有太大差別，但普丁從俄羅斯過去的失敗中吸取教訓，活用地緣政治學概念來實踐外交戰略。

在一百多年前，蘇聯嘗試建立理想中的社會主義國家，卻在冷戰中

70

Answer

經歷兩次改革失敗，俄羅斯捨棄了意識形態
以地緣政治學建構戰略，目標是擴大影響力

〈2000年～〉

與其擔心被侵略，不如先發制人搶奪領土

以領土最廣闊之大國身份擴大對世界的影響力

帶領俄羅斯收回蘇聯解體時喪失的領土

普丁時代

強悍的領導風格

引入地緣政治學觀點

「不夢想打造自由民主。利用地緣政治學戰略來維繫並持續發展全世界最廣闊的領土」

落敗而解體，其意識形態也以失敗告終。隨後，俄羅斯為了實現社會富裕而開放市場、走向資本主義，卻導致經濟混亂而再度失敗。

在經歷了兩次挫敗之後，普丁成為俄羅斯的總統。他放棄了虛有其表的意識形態口號，以地緣政治學為原則，正當化俄羅斯的外交戰略。他以強悍的領導力帶領俄羅斯向前邁進，運用地緣政治學持續正當化其領土擴張行為，這就是普丁的領導特色。

的特質

一步步崛起成為世界第二大經濟體的中國，在地緣政治學上有哪些優勢及劣勢呢？

I 國土

自古以來就擁有廣闊國土，遭鄰國侵略的恐懼揮之不去

中國擁有全亞洲最廣大的國土面積。自古以來，漢族便與四方少數民族（也就是東夷、西戎、北狄、南蠻）爭鬥不斷，與俄羅斯、越南等鄰國的邊界糾紛更從未停止，一直面臨著來自陸路的威脅。

Chapter2 美國、俄羅斯、中國的地緣政治學

認識中國地緣政治

II 統治
除了漢族，中國境內有超過50支少數民族

中國境內有超過50支少數民族。政府用於監視、維繫統治的治安支出高於國防支出，這樣的國家非常少見。

不容反叛！中國必須團結！

維吾爾族 0.6%
蒙古族 0.4%
滿族 0.9%
藏族 0.9%
回族 0.8%
漢族 92%
苗族 0.7%
壯族 0.4%

※ 以上僅列出部分民族

國防支出 1.29兆元（人民幣，2020年） ＜ 維繫治安之支出 1.39兆元（人民幣，2020年）

III 戰略
史上第二次嘗試成為海洋強權

中國在十五世紀曾向海洋拓展，但因為投注過多資源與周邊國家交戰而作罷。現在則再度把目標放在成為海洋強權，向海洋擴張。

一定會失敗的…
美國　英國
哈哈哈！
中國
陸地和海洋兩者我都要
陸地強權　海洋強權

解說

中國挑戰成為海洋強權

中國身為陸地強權國家，擁有全世界第四大的領土面積，長期遭到國土相接壤的周邊國家侵擾。自古以來，中國就一直處於國土可能受侵略的恐懼中，**因此也傾向於掠奪周邊國家領土。**

中國境內有超過五十支少數民族，族群鬥爭層出不窮。**對內的治安支出也因此持續超過國防支出**，使得中國的經濟並未寬裕到能夠向

持續與周邊國家爆發領土爭端

中國境內各民族本已紛爭不斷，1949年建國後更激化了與周邊國家的衝突。中國不只鎮壓異族，更侵略其他國家，並未打算減少邊境糾紛。

1949年	中國併吞新疆
1950年	介入韓戰、鎮壓西藏獨立運動
1962年	中印邊境戰爭
1969年	中蘇邊界衝突
1979年	中越戰爭
1996年	台海危機
1997年	香港回歸中國
2019年	香港反送中示威抗議

必須清楚界定領土！

治安支出高於國防支出，全球罕見的國家

中國的治安及國防支出持續成長，尤其治安支出更高過國防支出。治安支出包括：監視反政府人士、竊聽記者通訊、對抗激進派、網路言論審查等花費。

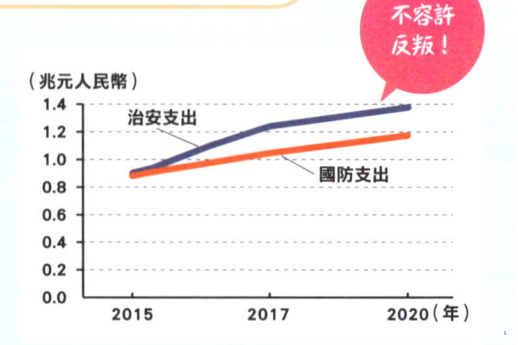

不容許反叛！

（兆元人民幣）

治安支出 / 國防支出（2015–2020年）

74

海外拓展。但隨著近年來經濟急速成長，**中國開始能夠將目光投向海洋**。中國向來有著「漢族是世界中心」的**中華思想**，唯一八四二年鴉片戰爭敗北以後，這樣的天朝心態隨之破滅。然而正因如此，當中國躍升為世界第二大經濟體後，便無法滿足於陸地強權地位，而更積極追求成為海洋強權，來一雪前恥。

中國正式向海洋擴張，目前有何行動？

2013年，時任美國總統歐巴馬宣稱：「美國不再是世界警察」後，中國隨即開始積極地向海洋擴張，試圖掌控東海及南海，以及確保印度太平洋的海洋要道，一舉一動相當引人注目。

南海
在南沙諸島興建人工島。

東海
在緊鄰東海「日中中間線」的中國海域開發天然氣田。

印度太平洋
提出「第一、第二島鏈」「一帶一路計畫」，建設軍事設施及港口。

> 邁向世界！

根植在中國人內心的中華思想究竟為何？

中華思想是古代漢民族流傳下來的一種思想，認為「中國是世界的中心，其文化、思想都是全世界最卓越的」，具有民族中心主義的特徵。王朝周邊的各方民族被蔑稱為四夷，即東夷、西戎、北狄、南蠻。

化外之地／北狄／朝貢國／外臣／內臣／天子／西戎／東夷／南蠻

> 中國是世界的中心

Question 10

為什麼中國直到今天，才開始向海洋擴張？

尚未解決邊界問題前，中國以維持國內治安為優先，在經濟及軍事上沒有餘裕向外擴張

向海洋擴張的理由 1

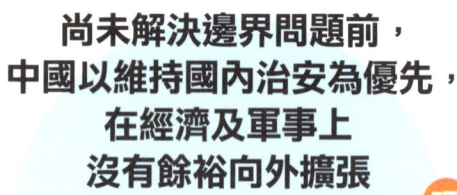

日本在中日戰爭中奪取了中國的領土，中國在西元2000年以前一直承受著上述這樣的國界紛擾。

俄羅斯

蒙古

中國

日本

東南亞

擴張：派遣船舶繞行東海釣魚台列嶼

2008年以來，中國政府持續派船隻繞行東海的釣魚台列嶼周邊海域，入侵日本領海。

擴張：在南海興建人工島嶼

中國在南沙群島暗礁擴建陸地以建立軍事據點，至今已興建7座人工島，據說現正建設第8座。在仁愛暗沙（Second Thomas Shoal）與菲律賓軍隊對立中。

擴張：改建柬埔寨的軍港

中國援助柬埔寨改建南部的軍港，中國海軍的船艦可能已經在此停靠。

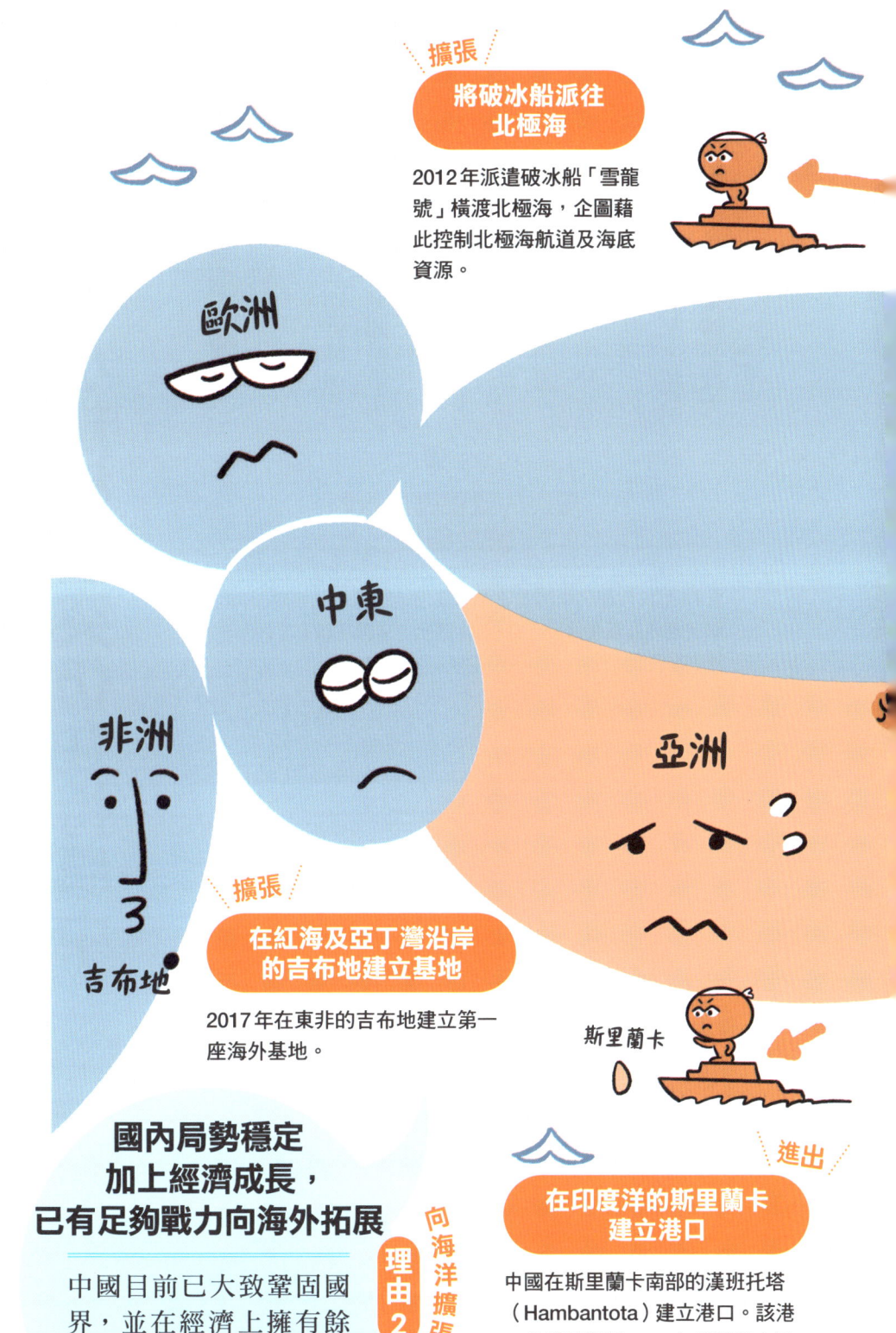

Chapter2 美國、俄羅斯、中國的地緣政治學

擴張

將破冰船派往北極海

2012年派遣破冰船「雪龍號」橫渡北極海，企圖藉此控制北極海航道及海底資源。

歐洲

中東

非洲

吉布地

亞洲

擴張

在紅海及亞丁灣沿岸的吉布地建立基地

2017年在東非的吉布地建立第一座海外基地。

斯里蘭卡

國內局勢穩定加上經濟成長，已有足夠戰力向海外拓展

中國目前已大致鞏固國界，並在經濟上擁有餘裕，有足夠戰力可向海外擴張。

向海洋擴張的**理由2**

進出

在印度洋的斯里蘭卡建立港口

中國在斯里蘭卡南部的漢班托塔（Hambantota）建立港口。該港口的營運權於2017年轉讓給中國國營企業。

Answer 10

領土爭議終於結束
中國開始能夠將軍力用於海外擴張，
然而小規模衝突仍在持續中

解説

國土面積廣闊的國家的宿命

中國背負著陸地強權國家的宿命，與諸多鄰國紛爭不斷。冷戰結束後，中國在一九九〇年代積極處理領土爭議，終於和北邊的俄羅斯及南邊的越南解決國界問題，**到了二十一世紀，中國的邊境已大致底定**。此後，中國政府開始調整體制，將原本用於國防的力量轉而投入

漫長的鞏固國界行動終於結束

自1960年代起，中國就不斷面臨邊境問題，此後陸續與鄰國劃定邊界並簽署條約。到了21世紀，中國才確立了所有的國界。

1960年
《中華人民共和國和緬甸聯邦邊界條約》
《中華人民共和國和尼泊爾王國邊界條約》

1963年
《中華人民共和國和阿富汗王國邊界條約》
《中巴邊界協定》（巴基斯坦）

1991年
《中老邊界條約》（寮國）

1993年
《中越陸地邊界條約》（越南）

1994年
《中哈邊界協定》（哈薩克）

1999、2002年
《中塔國界協定》（塔吉克）

2004年
與俄羅斯邊界已全部確定

- 與哈薩克的邊界
- 與吉爾吉斯的邊界
- 與蒙古的邊界
- 與俄羅斯的邊界
- 與塔吉克的邊界
- 與阿富汗的邊界
- 與巴基斯坦的邊界
- 與不丹的邊界
- 與緬甸的邊界
- 與寮國的邊界
- 與越南的邊界
- 與尼泊爾的邊界

不再需要耗費金錢解決邊界問題！

海外擴張。這正是中國近年來開始向海外拓展、追求成為海洋強權的原因之一。

然而，中國的國界問題尚未完全解決，**境內的少數民族對立問題也未完全消弭**。中國為了爭取與俄羅斯及印度之間的緩衝地帶，併吞了新疆和西藏。但中國政府在這兩地所推行的漢化政策都引發反抗，維吾爾族及藏族獨立運動的星火至今未熄。此外，中國在二○二三年發表的國家地圖中，**擅自將俄羅斯統治的部分地區更改為中國領土**，雖然並未引發爭執，但也凸顯出中國的國境其實尚未完全底定。

國內民族對立與鎮壓永無止盡，是因為中國「心懷恐懼」

中國長年來持續鎮壓少數民族，不但在1949年入侵並併吞西藏，也對維吾爾族人實施再教育政策並設立強制收容所，關押超過百萬人，手段激烈程度有增無減。

對維吾爾自治區：反抗者都應該接受再教育！

對台灣：絕不容許獨立！

對藏族自治區：本來就該交由漢族統治！

維吾爾自治區　藏族自治區　台灣

中國擅自改變國界，只能說這就是中國的作風

中國與俄羅斯在2008年簽訂協定，結束了黑龍江省邊界東段的領土爭議。然而，中國自然資源部於2023年發表的地圖中，將屬於俄羅斯領土的大烏蘇里島部分地區變成中國領土，擅自變更了國界。目前俄羅斯只表示「國界問題已經解決」而不多採取行動，讓該地區的居民感到困惑不已。

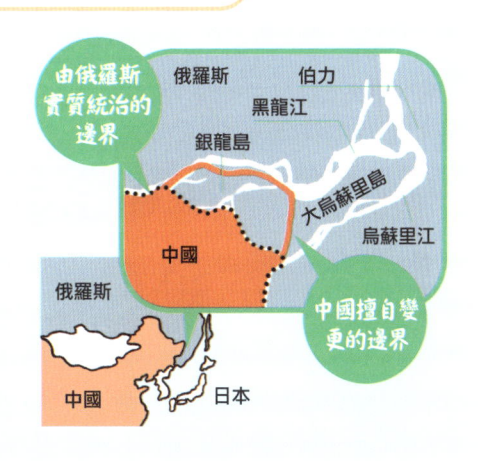

由俄羅斯實質統治的邊界　俄羅斯　伯力　黑龍江　銀龍島　大烏蘇里島　烏蘇里江　中國　中國擅自變更的邊界　俄羅斯　中國　日本

11 Question

明帝國以來的第二次嘗試！
作為典型的「陸地國家」
中國如何向海洋擴張？

中國

向海洋擴張的傳統做法

我的目標是把勢力擴大到這條線所圈起的範圍

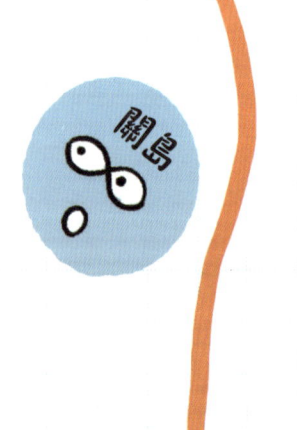

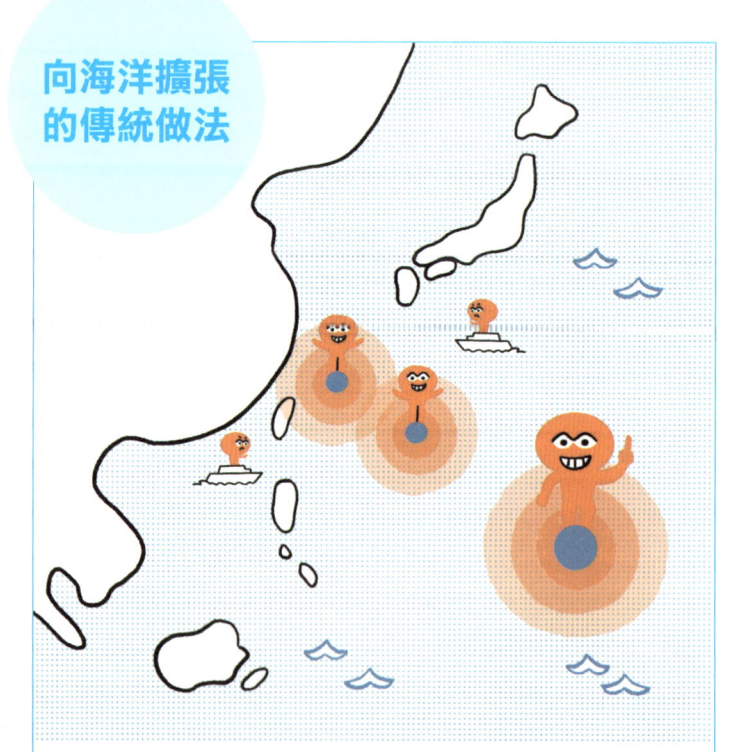

關島

要控制海洋，「取得據點」是最符合地緣政治學常識的做法

如本書第26頁所介紹，以地緣政治學的常識來說，想要稱霸海洋就必須在島嶼上建立據點，然後控制其周邊海域。

80

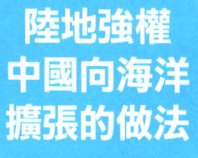

Chapter2 美國、俄羅斯、中國的地緣政治學

陸地強權中國向海洋擴張的做法

在海面上畫出界線，企圖將界線內的範圍都納為己有

中國對「線」（邊界）向來有執念，並將此概念延伸到海上，不以占據據點為目標，而是要取得整片面積。

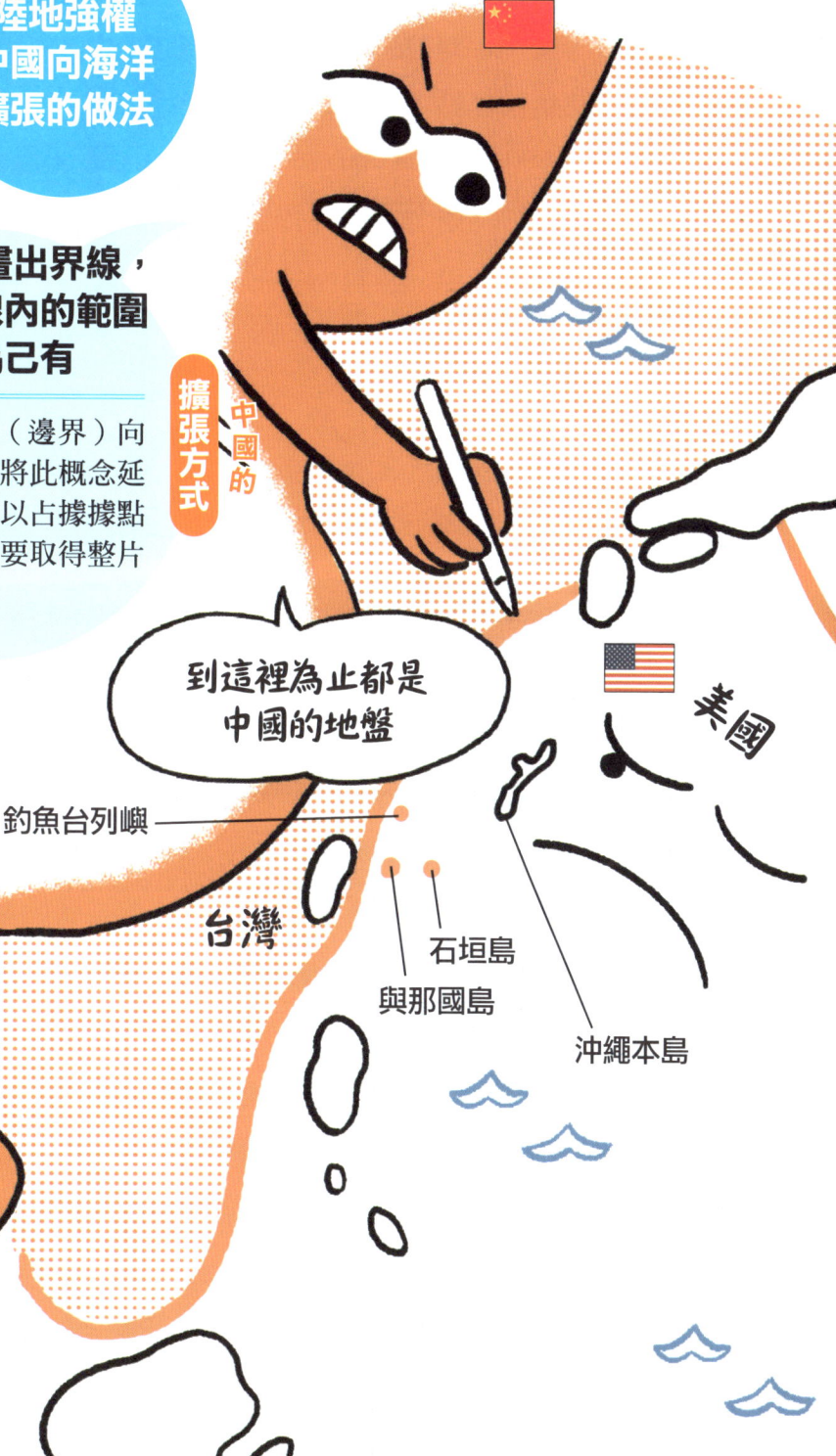

中國的擴張方式

到這裡為止都是中國的地盤

美國

釣魚台列嶼

台灣

石垣島

與那國島

沖繩本島

81

Answer 11

中國在海上畫出界線！

在地緣政治學上，「第一、第二島鏈」是毫無道理的軍事戰略

解說

中國在海上擅自畫定界線，阻止美國逼近

海洋強權國家在海洋擴張勢力範圍時，首先考慮的是如何「取得據點」，也就是首先要控制「點」，再由「點」監視「四周」，將整個區域納入掌控。

但是，陸地強權中國在看待海洋時，卻仍像在看待陸地一樣，會先畫出界線。

中國企圖在海上控制「面」的島鏈計畫，究竟內容為何？

所謂島鏈計畫，是中國在海洋上進行戰略布局時所畫出的戰略目標線，目標是取得線內海域的制海權、進行戰略部署以及海洋研究等。中國在太平洋上畫出了第一到第三島鏈，意圖控制島鏈內的區域。

據說，中國當局並不滿足於第一到第三島鏈，因此甚至在印度洋也畫出了由巴基斯坦延伸向斯里蘭卡、迪戈加西亞島的線，以及由古布地延伸到東非、南非共和國的線等等。

第一島鏈
第二島鏈
第三島鏈

必須削弱沖繩的美軍勢力

82

是在看待陸地一樣，以「面」的方式來思考。鄧小平所提倡的「第一島鏈」、「第二島鏈」概念便體現了這樣的思維。

第一島鏈指的是連接「琉球群島─台灣─菲律賓」的線，**釣魚台列嶼也包括在第一島鏈內**。「小笠原群島─關島─塞班島」連起的線則是第二島鏈。中國企圖控制島鏈內的區域，驅除美國勢力。然而，目前這一計畫受到不少阻礙，**進度落後於最初的規畫**。

中國執著於釣魚台列嶼主權問題，是為了實踐島鏈計畫

釣魚台列嶼是奪取台灣的阻礙！

釣魚台列嶼是中國由第一島鏈推進到第二島鏈的關鍵據點。中國在1992年制定《中華人民共和國領海及毗連區法》，單方面主張擁有釣魚台列嶼、南沙群島、西沙群島主權。自此以後，中國在領海頻繁航行，藉此牽制日本。

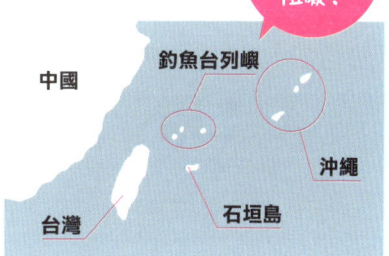

標註：中國、釣魚台列嶼、沖繩、石垣島、台灣

島鏈計畫的進度嚴重落後……

按照中國海軍司令於1980年代制定的時程，到2010年為止要控制第一島鏈，2020年為止要控制第二島鏈。但是事情並未按照計畫進展，目前進度晚於規畫約10年左右。

最初的時程規畫

1982～2000年〈重建期〉
在中國沿岸地區建置完整防禦系統

2000～2010年〈飛躍式進展前期〉
確實取得第一島鏈內的制海權

目前進度

2010～2020年〈飛躍式進展後期〉
確實取得第二島鏈內的制海權

2020～2040年〈完成期〉
破除美國海軍對太平洋、印度洋的獨占支配地位

～2050年
建立可與美國海軍匹敵的海軍

Question 12

中國與台灣的關係
街談巷議常常聽到「台灣有事」實際上可能發生哪些事？

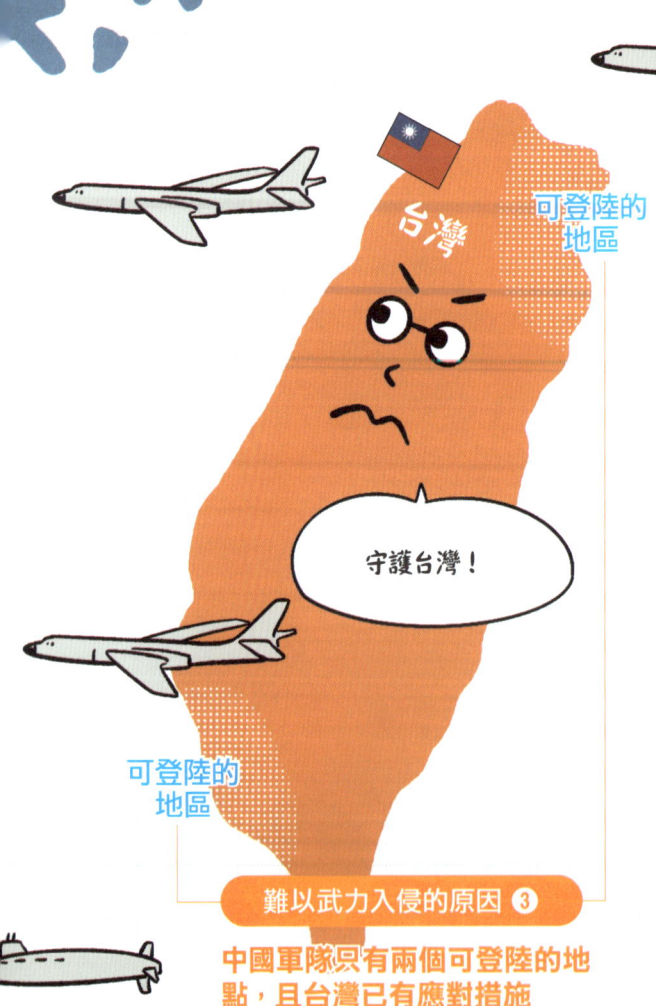

中國

可登陸的地區

難以武力入侵的原因 ❶

美國不會輕易讓出台灣周圍的制空權

遭受武力侵襲時，取得制空權是第一要務。但是美軍100%不會退讓。

難以武力入侵的原因 ❷

美國海軍與日本海上自衛隊在水下戰鬥擁有絕對優勢

美國海軍與日本海上自衛隊，對於台灣周邊海域尤其水下地形的掌握與熟悉程度都勝過中國海軍，因此占有相當的優勢。

可登陸的地區

守護台灣！

難以武力入侵的原因 ❸

中國軍隊只有兩個可登陸的地點，且台灣已有應對措施

台灣的可登陸地點恐怕只有南北各一，而且已有設置障礙物等應對措施。

中國入侵台灣的目的

- 滿足中國統一的意識形態
- 取得有利的軍事據點
- 奪取世界最大的半導體生產廠

除了武力以外的政治工作

- 援助台灣的親中派系
- 在YouTube等平台上進行意識形態宣傳

中國

最優先的戰略是讓台灣在政治上倒戈！

> 我希望不費一兵一卒奪取台灣。

登陸戰的困難度本來就很高，是不易成功的作戰方式

說到登陸戰，日本人一般會想到元日戰爭、二戰的沖繩島戰役，或是電影《搶救雷恩大兵》，實際上這種作戰方式非常困難，歷史上的成功案例也很少見。

【知名的登陸戰】
元日戰爭、諾曼第登陸、
二戰太平洋戰線的沖繩島戰役

登陸的一方沒有藏身處

迎敵的一方能夠從高處狙擊

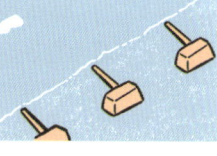

Answer 12

從軍事戰略來看……

若爆發軍事衝突將對中國不利！
因此目前以讓台灣人倒戈中國為優先

解說

目前為止，台灣爆發立即武力衝突的可能性不高

正如前頁所述，以現況來看，中國目前很難靠武力統一台灣。**台灣擁有全世界最大的半導體製造企業**，所以中國希望在不造成損傷的情況下取得台灣。因此，目前中國採取的手段不是武力進攻，而是**展開政治宣傳**，以取

經營規模躋身世界前十！台灣擁有世界級的半導體製造商

台灣擁有台積電這家技術實力相當高的半導體代工廠。雖然有美國英特爾及韓國三星這些競爭者，但台積電在全球半導體製造業的市占達到五成，市值高達1兆美元，是躋身世界前十市值規模的公司。

中國發動政治宣傳

台灣的網路上流傳著「就算台灣有事，美國也不一定會幫助台灣」這類疑美論調，有人認為這是中國政治宣傳的一環。

美國不一定會協防台灣！

得台灣人的支持為優先目標。然而，近年來**台灣有六成以上民眾自認不屬於中國**，並逐漸建立「台灣人」的身分認同，因此中國不易取得支持。

台灣的政壇可分為親中的國民黨、自由派的民進黨，以及中間路線的民眾黨。**現任總統為民進黨籍，但立法院最大黨是國民黨，台灣政治目前處於上述的不合狀態。**

擁有特殊歷史軌跡的國家，台灣人的自我認同相當獨特

中華民國在中國內戰落敗之後，逃到台灣樹立政權。台灣究竟是地名，或者是統治實體的名稱，目前並不明確。但是近年來擁有「我是台灣人」這種身分認同的人超過六成，自認是中國人的人則不高於2%。

「我是台灣人」的意識逐漸成為主流

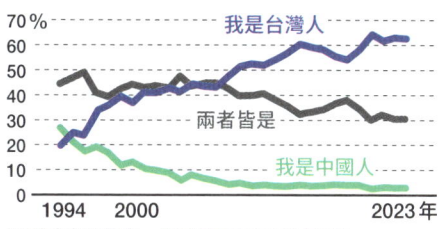

- 我是台灣人
- 兩者皆是
- 我是中國人

1994　2000　　　　2023年

※剔除未作答者。調查期間至2023年6月。
資料來源：台灣政治大學選舉研究中心。

台灣政治的獨特平衡感！總統是自由派、國會親中

台灣選出民進黨籍總統，但國會最大黨是國民黨，目前台灣政府可說是處於彼此意見不合的狀態。這種介於中國與美國之間的情況，或許可以說正是台灣式的平衡感。

選民 → 選舉 → 總統（民進黨） → 任命 → 行政院長 → 政策 → 選民
選民 → 選舉 → 立法院

最大黨

國民黨	民進黨	民眾黨
重視與中國的關係，支持者多數為高齡者	採獨立路線，與美國及日本合作	追求「獨立或統一」以外的選項，支持者多為年輕人

13 Question

有現代絲路之稱的 「一帶一路」究竟是什麼？

中國

表面上

我會大力投資！

中國

中國在各地投資興建鐵路及港口

擁有港口設施的海洋交通要道

一路

由中國沿岸城市出發，經東南亞、阿拉伯半島，通往歐洲的「海上絲路」。

解說

這項計畫看似是要讓世界變得更繁榮，但內幕卻是……

當今的中國政府正追求同時成為陸地及海洋強權，而中國國家主席習近平所宣揚的「一帶一路」計畫，可說是具體展現出了這份野心。所謂「一帶」是指聯繫中亞與歐洲的陸路交通要道，「一路」則是由南海連接至地中海的海陸交通要道。中國積極投資「一帶一路」途經的各個國家，在各國建設陸路及海路交通所需的基礎設施，藉此促進貿

88

Answer

想要兼顧陸地強權與海洋強權地位

「一帶一路」目的是促進貿易，卻存在眾多問題，且正在萎縮

陸路貨物運輸不中斷！

一帶

由中國西部出發，經中亞後抵達歐洲的「絲綢之路經濟帶」。

實際上

中國：如果你還不出錢，這些設施就要讓我自由使用！

斯里蘭卡　巴基斯坦

爆發「債務陷阱」！陷入償債困難的國家，鐵路和港口都被中國獨占。

易，打造新的經濟圈。

然而實際上，中國的真正意圖是要將國內生產過剩的產品外銷賺取利潤，以及為本國十三億人口創造海外工作機會。

向中國借貸（以建設基礎貿易設施）的計畫參與國，一旦無力還款時，其貿易設施的使用權就會被中國獨占，這類「債務陷阱」如今已成為重要的國際問題。

目前為止，從來沒有任何國家能夠兼具陸地及海洋強權身分並長久存續，「一帶一路」的前景也仍然不明朗。

14 Question

印度、東南亞群起反抗？
中國真的跟大河周邊各國爆發水資源爭端？

中國

西藏高原周邊的水壩

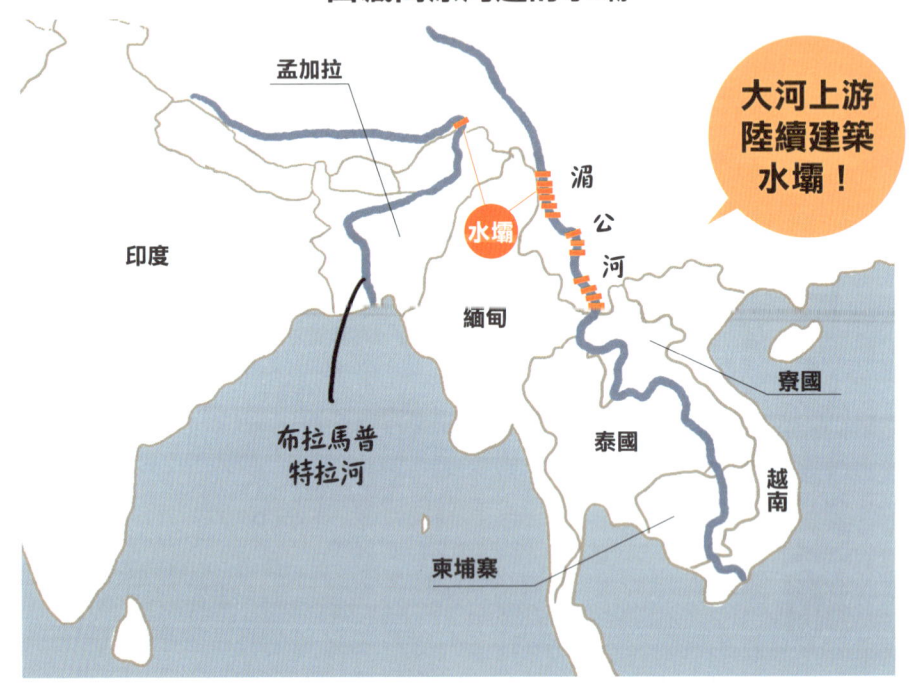

大河上游陸續建築水壩！

孟加拉
湄公河
水壩
印度
緬甸
布拉馬普特拉河
寮國
泰國
越南
柬埔寨

解説

中國在河川上游建設水壩，導致下游產生嚴重問題

自古以來，掌握水資源就是所有國家最重要的課題。然而，中國由於受到地形的限制，都市供水並不順利，近年來更有嚴重的缺水問題。

因此，中國將目光投向西藏高原，該區域地底蘊含豐富的水脈，挹注了湄公河及布拉馬普特拉河（上游在中國境內稱為雅魯藏布江，流入印度後稱為布拉馬普

90

Answer
各國反對中國在上游興建水壩

河川下游國家可能面臨缺水問題！

位在上游的中國及下游各國

中國：我要用水發電！我已經評估過環境衝擊了！

印度、孟加拉、寮國、泰國：還我水資源！

特拉河）。這些河川不僅對中國具有重大價值，對印度及東南亞全區來說也是至關重要的水源。然而，位於河川上游的中國卻建造了數座水壩，規畫將水流導向東側。

這代表河川下游的印度、孟加拉、寮國、泰國的水量都會減少，對這些國家而言，這是攸關存亡的問題，因此他們激烈反對中國的舉動。我們可預見在不久的將來，這些國家將與中國頻繁爆發「水資源戰爭」。

Question 15

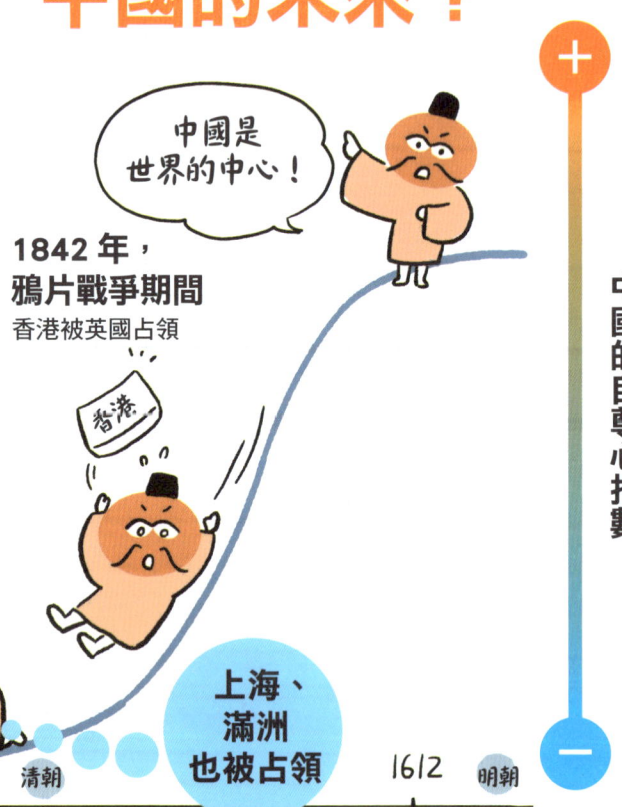

中國國家主席習近平心中如何描繪中國的未來？

中國是世界的中心！

1842年，鴉片戰爭期間
香港被英國占領

1894年，甲午戰爭
台灣、遼東半島割讓給日本

上海、滿洲也被占領

1912 清朝　1612 明朝

中國的自尊心指數

解說

胸懷中華思想，抱有復仇之心

中國國家主席習近平積極向海洋擴張時，腦中想的事情一言以蔽之就是：「打造以中國為中心的中華帝國。」

正如第75頁所述，中國傳統思想存在著「我們是世界的中心，周圍其他民族都是蠻族」這樣的自負心理，儘管年輕世代的這份意識可能比過去稍微淡薄一些。

無論如何，中國在

92

Answer
首先要擺脫負面的歷史經驗
最終目標是重建以中國為中心的帝國！

習近平如何看待世界各國？

美國：想要消滅中國的對手國！

台灣：無論如何，必須統一！

日本：好好相處，不要變成敵人就好

俄羅斯：在幕後支持彼此

復興中華帝國！

GDP 快速成長！排名全球第二

現在

十九世紀前半以前，一直居於全世界最富強國家之列。但在鴉片戰爭輸給英國、中日戰爭也敗北之後，中國淪為半殖民地狀態，體驗到了「百年屈辱」的滋味。

因此，現代中國渴望奪回被搶走的東西，試圖修復負面歷史經驗的意志正熊熊燃燒著。一步步復興中華帝國，正是中國國家主席習近平胸中的抱負。

地緣政治學專欄

03

房地產泡沫破滅？
中國國內經濟前景不明

　　如同本書第 76、78 頁所介紹的，中國於 2000 年以後在經濟上有飛躍性的發展，開始向海洋擴張，成長至能夠與世界霸權國美國競爭的規模。中國國內房地產長期增值，持續呈現繁榮的景氣。

　　但是，近年來中國大型房地產開發公司相繼出現債務違約等事件，房地產泡沫破滅，景氣也開始陰霾籠罩。在這裡，我們不從宏觀的角度分析經濟現況、不景氣的原因等，而是從一般人的角度來看看生活的真實樣貌。

　　2023 年 5 月及 2023 年 12 月，某個貼近中國平均水平的城市展開街頭調查，詢問行人每個月的薪資收入是多少。根據調查結果，光是在當年 5～12 月的七個月間，**平均薪資就減少了 25～30%，教師、大學教授等公務員的薪資也減少了 30%**。「減少 30%」代表年收 450 萬日圓者將減少至 315 萬日圓，這對日本的公司職員或公務員來說，如果沒有其他緩衝因素，將是難以承受的收入損失。

　　當然，這並非正式的統計調查，因此無法代表中國的整體現況，但許多人的收入減少是不爭的事實。還有不少人的生活必須更節儉，消費衰退、景氣低迷的狀況正在加速。

此外，有預測指出，**中國的房地產泡沫破滅將比日本過去的泡沫經濟崩潰規模還要大**。這是因為中國許多人的私有資產以土地和建物等不動產為主，而非持有存款。例如，擁有 1,500 萬日圓資產的人，可能會花費 1,200 萬日圓購買公寓，很多人都是以房地產的形式持有資產。甚至是只擁有 500 萬日圓資產的人，也會向銀行借貸後購入 1,200 萬日圓的公寓。

然而，由於中國景氣持續低迷，即便買家已支付 1,200 萬日圓，建案仍暫停興建的案例頻繁發生，導致建物本身的價值降為零。隨著泡沫經濟破滅，土地估值下降，建物也變得毫無價值，甚至還出現因為建物無法使用而需要支付拆除費用的情況，使得資產變成負債。

目前中國國內的現狀就是如此，因此有人指出，未來中國經濟有可能帶給全世界前所未有的大混亂。

地緣政治學專欄

04

目標是支配廣大領土！
地緣政治學中經常出現的
歷史上兩個超級大國：
羅馬帝國、鄂圖曼帝國

無論是昔日的大英帝國，或是大航海時代的西班牙及葡萄牙，都曾對世界上許多區域發揮巨大影響力。這樣的大國在歷史上多次登場，將光芒綻放至全世界，接著漸漸衰退，最終走向滅亡。我在此要介紹兩個經常在地緣政治學中登場的大國。

第一個是在西元前 27 年前後至西元 395 年間位於歐洲的大國──羅馬帝國。羅馬帝國在全盛期以現今的義大利為中心，支配著地中海一帶的眾多民族。地緣政治學研究指出，**羅馬帝國滅亡的原因之一，就是因為追求「同時支配海洋與陸地」而過度擴張。**

第二個是鄂圖曼帝國。鄂圖曼帝國存在了一段非常長的時間，從 13 世紀末橫跨至 20 世紀，全盛時期曾統治由北非到東歐，乃至中東部分地區的大片版圖。現代的土耳其就是起源自鄂圖曼帝國。本書第 141 頁將會介紹到，**鄂圖曼帝國的統治非常成功，幾乎不曾發生宗教、民族對立。**然而，隨著帝國的影響力衰退、難以維繫統治時，第一次世界大戰爆發。在戰爭期間，英法俄簽訂了瓜分鄂圖曼帝國的《賽克斯－皮科協定》（Sykes-Picot Agreement），成為今日的中東混亂局面的遠因。

Chapter
3
Japanese Geopolitics

認識日本周邊國家的實際情勢

日本的地緣政治學

我們經常在電視與報紙上，
看到日本與中國、韓國對立的新聞。
接下來，讓我用地緣政治學觀點，
來解讀各國對立背後隱藏的意圖與真實想法吧。

的特質　從地緣政治的角度深入了解日本，會發現除了身為島國，日本的地理條件相當良好。

I 歷史

從地緣政治學角度來看，日本是
①陸地強國→②海洋與陸地強國→③海洋強國

～江戶時代後期
①長久以來注重內部發展的陸地強國

除了白江口之戰、元日戰爭（元朝皇帝忽必略侵略日本）、萬曆朝鮮之役（對朝鮮出兵）以外，日本鮮少與外國發生衝突。

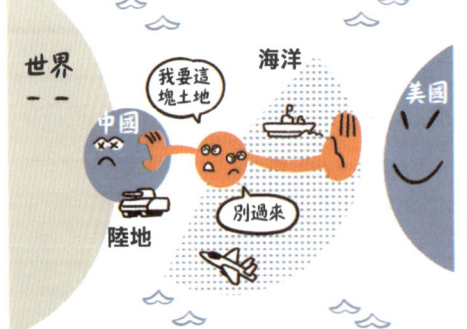

明治～昭和初期
②邁向海洋，追求身兼陸地霸權與海洋霸權，但失敗了

為了爭奪太平洋霸權而與美國對抗、在中國設立滿洲國，向陸地與海洋擴張。

第二次世界大戰後～
③日本在美國保護傘下取得巨大的發展力量

二戰敗戰後成為美國的盟國，向外擴張勢力，一度成為全世界最富裕的國家。

認識日本地緣政治

II 國土
日本的自然環境難以攻克，且能夠自給自足，使日本更加獨立自衛

洋流與季風使得從海外攻擊日本十分困難。此外，日本的國土與人口能夠自給自足，加上氣候適於生存，讓日本自建國以來都維持獨立。

季風　洋流
大自然的恩惠
洋流

III 衝突
長久以來與中國、朝鮮半島等陸地強國對立。與現代南韓的關係則屬例外。

中國　長年交戰　朝鮮半島　日本

如今與日本對立的國家主要是中國與北韓，日本與有美軍駐紮的南韓則基本上保持合作關係。然而，在過去長久的歷史中，朝鮮半島的陸地強國向來與日本對立，南韓與日本現在的關係其實是例外狀態。

Chapter3 日本的地緣政治學

解說

利用地緣政治學的優勢，守住獨立地位的島國日本

以地緣政治學角度縱觀日本歷史，會發現**直到江戶時代為止，日本不曾與海外發生衝突**，雖然身為島國，但屬於向內發展的陸地強權。**明治時代才開始向海洋推進**，同時向陸地與海洋拓展，但受挫而戰敗。如今是美國所屬的海洋強權的一員。

日本的地理特徵是受到季風、洋流保護的島

江戶時代以前，日本的海外衝突僅有三次

日本自建國以來超過2,500年的歷史中，在江戶時代以前與外國發生的正式衝突僅有三次，分別是飛鳥時代的「白村口之戰」、鎌倉時代的「元日戰爭」以及安土桃山時代豐臣秀吉「出兵朝鮮」。

海外→日本
① 西元663年
白江口之戰
② 西元1274年～
元日戰爭（又稱文永之戰、弘安之戰）

日本→海外
③ 西元1592年～
出兵朝鮮（又稱文祿之役、慶長之役）

曾為陸地強權的日本向海外發展的理由

明治時代日本的產業邁向工業化，農村人力過剩，往都市集中的人口需要更多的新土地。而在歐美各國強敵環伺下，保衛國土的意識也有所提升。此外，追求「成為亞洲盟主」的威名，也成了往海外發展的原因。

理由1
在歐美各國強敵環伺下守護國土

理由2
產業走向工業化

理由3
追求亞洲盟主的威名

邁向世界！

100

國，而且國土面積足以自給自足。不易從海外侵攻，甚至不貿易也能維持國力，更是 📍 日本得以維持獨立的一大理由。

此外，日本距離歐洲十分遙遠，難以進犯，因此有充分的時間發展本地產業。軍事力量也隨之成長，因此並未像過去的中國那樣淪為殖民地。

國內運輸由於陸路交通發展遲滯，自古以來便 📍 以海路運輸為主，這也是日本的特徵。

以島國之姿而能長久維持獨立的國家可說幾乎不存在！

「島國要維持獨立並不困難吧？」或許有人會這樣想，然而事實上，數千年不曾遭受外國侵擾而能維持獨立的島國幾乎不存在。或許很多人不知道，就連英國在歷史上也曾經被異族征服。

英國
英國曾於公元1066年遭諾曼人征服，史稱「諾曼征服」。

菲律賓
隸屬西班牙殖民地時間長達300年，之後又接連受到美國、日本控制。

國內運輸以海運較為發達，陸運則發展遲滯

在日本屬於陸地強權的時代，陸路雖然也有統稱為「江戶五街道」的五條貿易要道，但因西側海運最為發達，因此運輸仍以海運為主。反觀陸路運輸，直到二十世紀後半，包含高速公路在內的運輸網絡完成後才算發展完備，比海路晚了非常多。

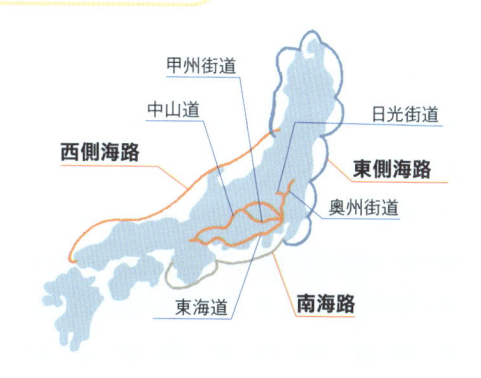

甲州街道
中山道
西側海路
東側海路
日光街道
奧州街道
東海道
南海路

01 Question

究竟為什麼俄羅斯不將**南千島群島**歸還給日本？

*太平洋西北部千島群島向南延伸的部分，包含四島：國後島、擇捉島、齒舞群島及色丹島。日本稱為「北方四島」、「北方領土」。俄羅斯則稱之為「南庫里爾群島」。

監視

美國

俄羅斯利用南千島群島牽制海洋對岸的其他大國

你有何意圖？
……
俄羅斯
南千島群島
美國

不歸還的理由 1

南千島群島隔海與美國相對，是俄羅斯用來牽制美國以及中國的重要根據地。

南千島群島是俄羅斯守護「北極海航道」的盾！

不歸還的理由 2

俄羅斯要守護經過俄羅斯北部海域的北極海航道，該航道從西元2000年左右開始通航。

新要道「北極海航道」

對俄羅斯而言是戰略要地，對日本的重要性卻很低

不歸還的理由 3

南千島群島對俄羅斯很重要，對日本來說卻幾乎沒有地緣政治利益。

01 Answer

3大理由 「北極海航道」開通後俄羅斯越來越不願意歸還南千島群島

解說

群島位在新的運輸航道，因此幾乎不可能歸還

日本與俄羅斯在南千島群島問題上衝突不斷。雖然 📍**依照國際法應歸屬日本**，但俄羅斯遲遲不歸還，有三項理由。第一是俄羅斯需要防衛美國；南千島群島雖距離美國本土約九千公里，📍**仍是俄羅斯防禦太平洋對岸國家的**

📍江戶時代起即有日本人居住的固有領土

二戰時日本投降後，南千島群島遭俄羅斯占據，但在歷史上一直是屬於日本的領土。

1855年 根據《日俄和親通好條約》，擇捉島屬日本領土，其以北則屬俄國。

1875年 根據《庫頁島千島交換條約》，日本獲得千島群島，放棄對庫頁島（樺太島）的權利要求。

1905年 根據《樸茨茅斯條約》，日本於日俄戰爭後獲得庫頁島南部。

1951年 根據《舊金山和約》，日本放棄庫頁島及千島群島，保留南千島群島。然而蘇聯並未簽署該條約。

擇捉島
色丹島
國後島
齒舞群島
千島群島
南千島群島（日本稱北方領土）

📍防禦太平洋對岸國家的重要據點

假使日本取回南千島群島，美軍便可能在此建立基地，這是俄羅斯絕對希望避免的狀況。此外，這也可能讓俄羅斯軍隊在鄂霍次克海部署潛艇的難度增高。

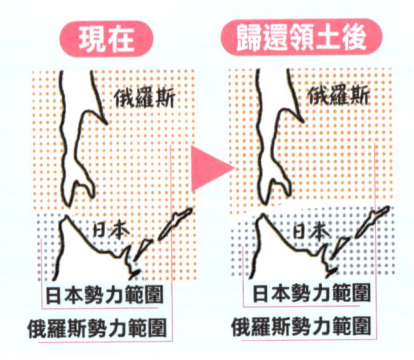

現在 | **歸還領土後**

俄羅斯 / 日本

日本勢力範圍
俄羅斯勢力範圍

重要據點。

第二是南千島群島位在公元兩千年左右開通的「北極海航道」；這條新航線途經過去無法通行的俄羅斯北部海域，雖有機會成為新的貿易路線，卻由於二○二二年俄羅斯侵入烏克蘭的軍事行動而中斷。然而就防衛角度來說，南千島群島在地理上能夠發揮抵禦他國入侵的作用。

第三個理由則是南千島群島📍**對俄羅斯和對日本的重要程度並不相同**。

「北極海航道」打破了地緣政治學常態

長久以來無法航行的北極海，在地緣政治學中無異於不存在之地。然而「北極海航道」的登場，顛覆了地緣政治學的常態（P.54）。

北極海航道　往歐洲　能夠通航了　俄羅斯

還給日本的話，對日本也幾乎沒有好處

南千島群島對俄羅斯非常重要，但若是還給日本，卻幾乎不會對日本帶來好處。由於重要程度不對等，因此這片領土的歸還交涉遲遲沒有進展。

	日本	俄羅斯
歸還前	・日、俄國民情感對立	・支配北極海航道 ・監視美國動向 ・遠離美國勢力的影響
歸還後	・原本居住在當地的居民可以搬回去 ・修復日、俄國民情感 ・周邊海域可從事捕撈漁業	・北極海航道的防禦難度增加 ・美國勢力極度逼近國土

02 Question

對美國而言，沖繩美軍基地是「完美的據點」？

美國

沖繩

完美的理由 1　地理位置

重要性非凡的美軍據點！能夠有效監視全世界

沖繩位在海洋強權日本、美國，與陸地強權中國之間，是兩方的交會點，具有監視歐亞大陸東側的作用。

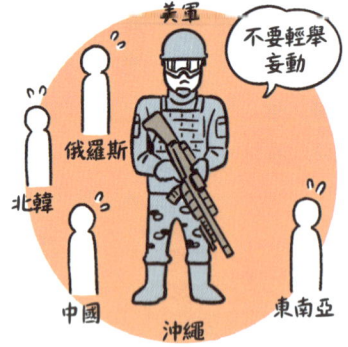

美軍　不要輕舉妄動
俄羅斯　北韓　中國　沖繩　東南亞

完美的理由 2　美國國民對沖繩的情感

對美國人而言，沖繩是打勝仗得來的領土，而不是侵略日本得到的戰利品

對美國國民來說，他們是承受了戰爭之苦才獲得勝利，並取得沖繩，因此比較沒有奪取他國領土這種心理負擔。

完美的理由 3　基地設備

配置了最先進的兵器，以及叢林戰鬥用的訓練設備

沖繩北部的名護設有叢林戰鬥用的訓練設備，嘉手納空軍基地則有世界最先進的戰鬥機，從基地設施到裝備，都是世界最精良的等級。

> 美軍駐日基地約有七成設址在沖繩！

沖繩美軍基地

占沖繩本島約15%面積。擁有飛行場、港口、儲油設備、彈藥庫、訓練場等硬體設施。

〈具代表性的設施〉
- 那霸軍港（那霸市）
- 嘉手納基地（中頭郡）
- 普天間飛行場（宜野灣市）

①地理位置　　　　★★★★★
②美國國民情感　　★★★★☆
③基地設備　　　　★★★★★
④公共建設、政治安定　★★★★★

> 能夠有效地用來監視中國及俄羅斯

完美的理由 4　公共建設完備、政治穩定

擁有世界名列前茅的公共建設以及穩定的政治

相較於許多國家，日本的道路、港口等公共建設非常完備，政治也十分安定，能夠穩定地運作。

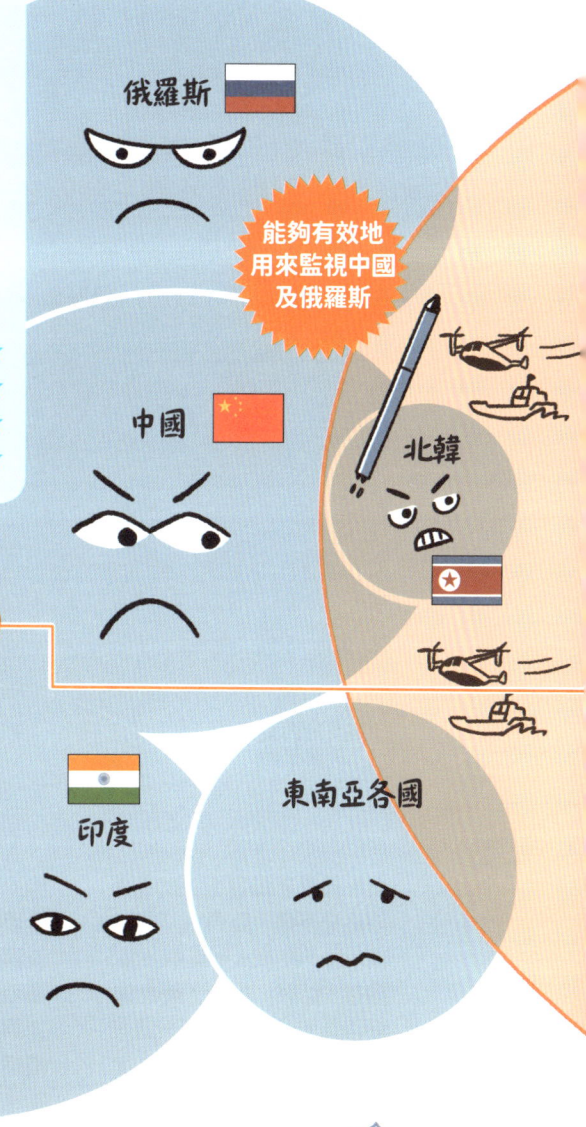

02 Answer

若只考慮「地理位置」，沖繩堪稱世界第二重要據點？

沖繩美軍基地完美具備「據點」所需的全部關鍵元素

解說

對美軍來說優點滿滿的沖繩基地

沖繩美軍基地是地緣政治學上堪稱完美的據點，首要因素就是「地理位置」。面對追求霸權而向海外拓展的中國，沖繩擁有絕佳的位置，能夠加以壓制。同時，沖繩也鄰近歐亞大陸東側，換句話說，沖繩擁有能夠輕易

> 監視對手國的據點！
> 目前，沖繩主要監視中國和北韓

俄羅斯

中國

沖繩基地

迪戈加西亞島美軍基地

> 沖繩能夠壓制中國向海外拓展

全世界最易爆發衝突的三大地區分別是「亞洲」、「中東」及「歐洲」。其中，沖繩在「亞洲」占據了最能夠眼觀四面的位置，對於追求霸權而拓展海外的中國，尤其能夠發揮壓制作用。對中國而言，沖繩的美軍基地是最礙眼的存在。

美國以沖繩為首，連結其他基地形成網絡，並透過這些網絡在天空與海洋上建立防護網，維護歐亞大陸的安定。

監視全世界的地理位置。若和印度洋上的迪戈加西亞島美軍基地合作，更能發揮效果。

此外，在「美國國民情感」、「基地設備」、「公共建設」、「政治安定」等方面，沖繩也完全符合美軍對於據點的需求，因此**沖繩基地可說是最理想的基地**。

雖然**沖繩居民與美軍之間的對立確實引發一些問題**，但美軍不太可能因此放棄這片「完美的基地」，短期內遷移的可能性相當低。

📍 若與過去設在菲律賓的美軍海軍基地相比……

1992年，美軍撤出菲律賓的蘇比克灣海軍基地。該基地曾是亞洲數一數二的大型美軍基地，但無論公共建設或人才資源的素質都輸沖繩一大截。附帶一提，該基地歸還給菲律賓後，曾發生鄰近岩礁遭他國占領等事件，如今菲律賓將此基地用於對抗向海外拓展的中國。

蘇比克灣海軍基地

① 地理位置　　　　★★★★☆
② 美國國民情感　　★★★☆☆
③ 基地設備　　　　★★★★★
④ 公共建設、政治安定　★★☆☆☆

📍 沖繩美軍基地在日本造成的問題

新聞上不時會看到美國軍人在沖繩發生交通事故，除此之外還有不少舉動讓居民以及沖繩政府感到不滿。此外，美軍基地中有許多設施並不讓同為同盟國的日本自衛隊共用，這讓日本自衛隊與美軍看起來不像是盟友，反倒像是兩支互不相干的軍隊。

03 Question

「世界警察」美國海軍的核心？
美國海軍橫須賀基地擁有哪些「世界第一的裝備」？

日本

美國

我需要燃料和糧食補給！

中繼靠港

船舶破損

日本
橫須賀海軍設施

監視

東南亞

澳洲

船舶維修

別想輕舉妄動！

亮晶晶

用世界最大規模的設備提供萬全的維修服務！

110

駐紮在世界各地的美軍基地

迪戈加西亞島美軍基地（印度洋）

監視中東的據點。由英國租借給美軍使用，基地範圍涵蓋全島。

①地理位置　　　　★★★★★
②美國國民情感　　★★★★☆
③基地設備　　　　★★★★☆
④公共建設、政治安定 ★★★☆☆

皮圖菲克（Pituffik）太空基地（格陵蘭）

美國空軍駐地最北端的基地。監視北極海與俄羅斯。

①地理位置　　　　★★★★☆
②美國國民情感　　★★★★☆
③基地設備　　　　★★★☆☆
④公共建設、政治安定 ★★☆☆☆

拉姆施泰因（Ramstein）美軍基地（德國）

歐洲最大的空軍基地，也是美國空軍在歐洲的司令部所在地。

①地理位置　　　　★★★★☆
②美國國民情感　　★★★☆☆
③基地設備　　　　★★★★★
④公共建設、政治安定 ★★★★★

擁有世界最大規模的船舶維修設備！

美國海軍橫須賀基地

①地理位置　　　　★★★★☆
②美國國民情感　　★★★☆☆
③基地設備　　　　★★★★★
④公共建設、政治安定 ★★★★★

擁有美國境外唯一的航空母艦停泊港，除了航母之外，還有其他許多軍艦會中繼停靠。擁有世界最大規模的船舶維修設備「乾塢」（dry dock），這是美國海軍向全世界出動時不可或缺的重要設施。

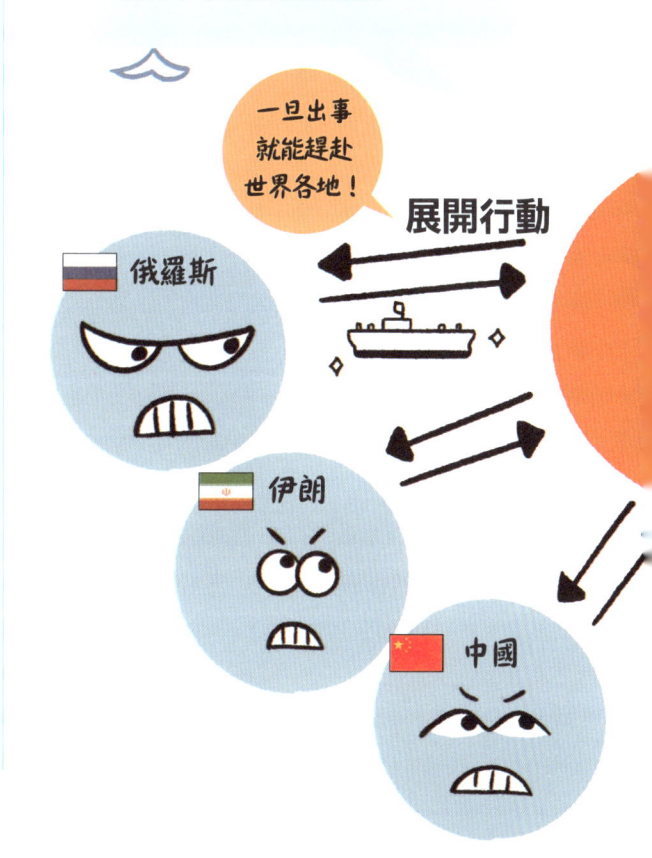

一旦出事就能趕赴世界各地！

展開行動

俄羅斯　伊朗　中國

03 Answer

交貨準時，維修技術更勝美國本土！
橫須賀基地擁有美軍縱橫天下必不可缺的巨型乾塢，能夠維修航空母艦

解說

支援長途航行所必需的超重要據點

美國海軍橫須賀基地**擁有維修保養船舶時所需的乾塢**。這座世界最大規模的乾塢能夠修理大型軍艦以及航空母艦，據稱技術實力高於美國本土。

除了橫須賀以外，美國海軍只在夏威夷以及本土擁有大型乾塢，如果為了維修船舶而必須返航本

> 橫須賀基地擁有多達六座維修船舶所需的乾塢！

乾塢是讓船登上陸地的設施，用於檢查、維修船底及舵等船隻航行中埋於水下的部分。在美國海軍橫須賀基地中，以六號塢的規模最大，居世界之冠，能夠修理大型軍艦以及航空母艦。

乾塢的功能

塗裝	將能夠防止藤壺等異物附著的塗料施於船舶外板上
檢查船底	檢查、維修船底、舵與推進器
拆解檢查	檢查、維修主動力裝置、鍋爐、發電機等

六號塢資料

完工 1940 年	全長 337 公尺
寬度 61.5 公尺	深度 18 公尺

二戰時大日本帝國最大的航空母艦「信濃號」也是在六號塢製造的。

土，將不利於海軍迅速應對緊急情況。因此，為了在世界各地暢行無阻，橫須賀的據點對於美國海軍來說是如心臟般的重要存在。

橫須賀基地的軍事用途，**主要是監視太平洋與大洋洲**。此外，美軍也在此地**與日本、韓國交換情報**，監視東南亞地區並觀察企圖向海外擴張的中國的動向。

橫須賀基地不只擁有乾塢，港口機能也十分優越

沖繩基地是為了應對中國及朝鮮半島而設，橫須賀基地則主要是為了應對太平洋及東南亞。近年來由於中國頻繁在東南亞擴張勢力，橫須賀基地的地位越顯重要。此外，橫須賀近海是利於設置港口的大陸棚，因此從自然環境角度來看，橫須賀的港口機能也相當良好。

中國與北韓正嚴密監視日本與南韓之間的 GSOMIA 協定

GSOMIA 是指日韓為共享機密而簽訂的《韓日軍事情報保護協定》。當意外事件發生時，日本自衛隊及韓國軍隊將與美軍協同作戰，若日韓間沒有簽訂 GSOMIA，彼此將無法順暢傳遞情報。南韓原本在 2019 年決定終止協定，但在美國的反對下停止廢止決定，暫時呈現凍結狀態。到了 2023 年，日本首相岸田文雄與南韓總統尹錫悅會談後，又恢復該協定的正常有效狀態。

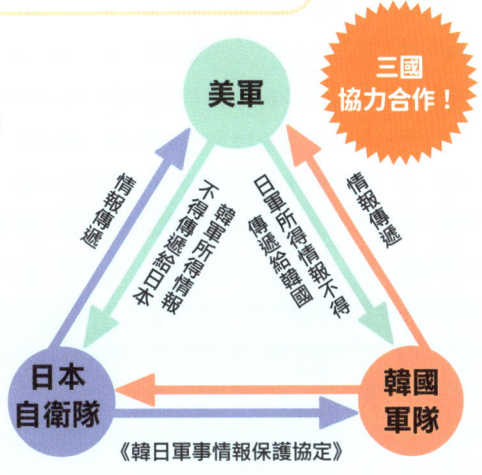

三國協力合作！

美軍 — 日本自衛隊 — 韓國軍隊
《韓日軍事情報保護協定》

04 Question

對馬列島、釣魚台列嶼……
探究諸多衝突的根源，
「近海爭端」究竟是什麼？

想要封鎖

近海爭端頻繁

美國

日本

日本的想法

非民主國家別想踏入這片海域！

美國的想法

我會協助日本，去壓制中國和俄羅斯吧！

114

Chapter3 日本的地緣政治學

中國、俄羅斯的想法

想要把這些島嶼當成出海的據點

中國／俄羅斯

釣魚台列嶼 — 想要出海／想要出海

對馬列島 — 想要出海

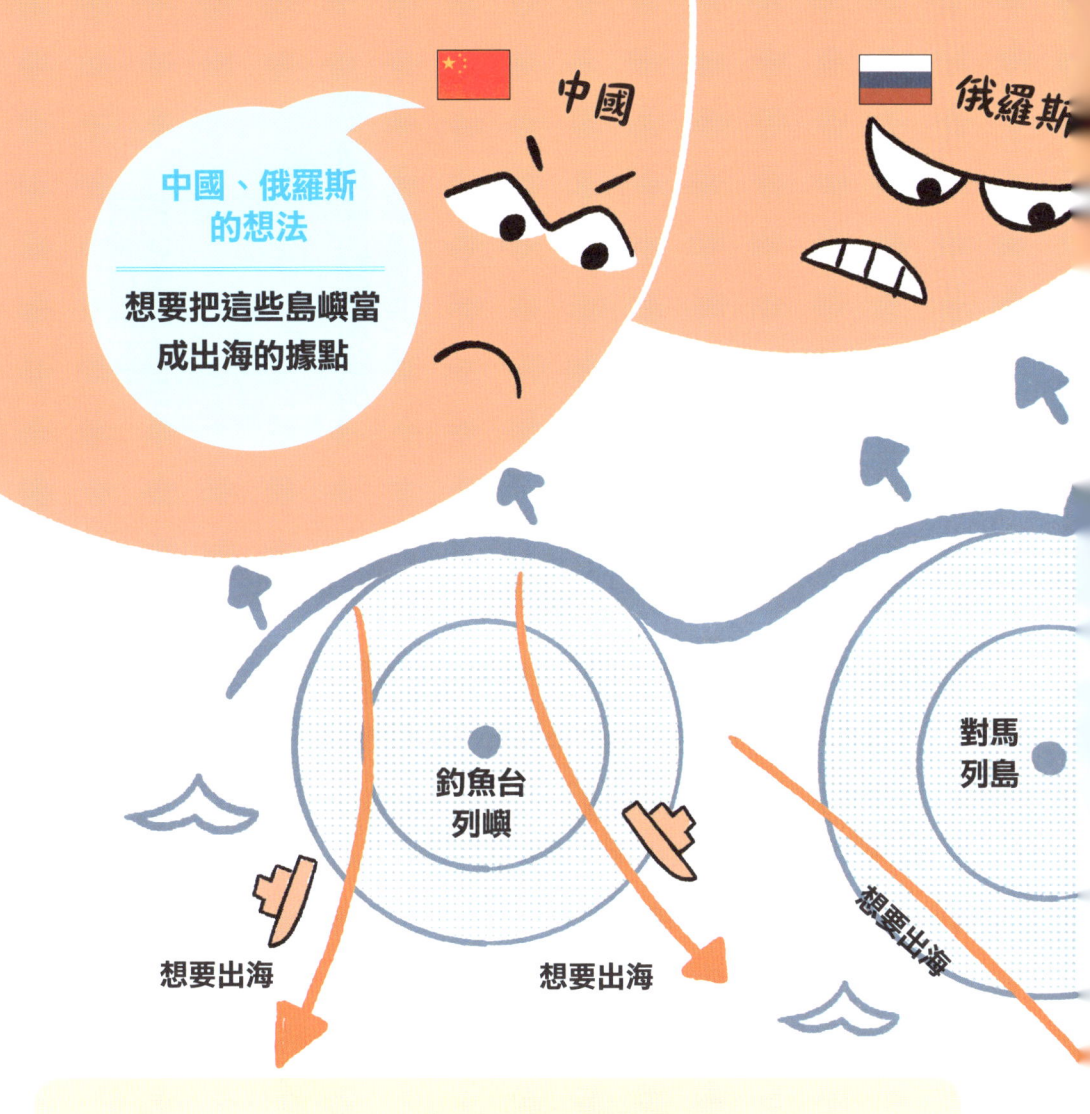

歷史上，宰制世界的霸權國家往往是由稱霸近海開始

美國

將國土南方的墨西哥灣及加勒比海都納入掌中，稱霸近海後，開始向大西洋拓展。

美國／加勒比海／南美洲

英國

英國先掌握了與歐亞大陸之間的多佛海峽，接著以馬爾他島為據點支配地中海，進而稱霸近海，向全世界的海洋邁進。

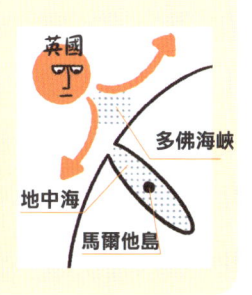

英國／多佛海峽／地中海／馬爾他島

04 Answer

以向海洋擴張為目標
想要稱霸近海的中國勢力，與想要封鎖中國的美國勢力爆發衝突

> **解說**
> 對馬列島與釣魚台列嶼的主權爭議並非單純的領土爭端

經濟起飛的中國正以成為世界大國為目標——本書第76頁會更詳盡說明。從地緣政治學角度來看，目標成為大國的國家，首要行動就是稱霸近海。這是因為世界霸權國往往都是先稱霸了近海，然後才邁向全世界的海。

> 對馬列島、釣魚台列嶼成為阻擋陸地強國勢力的防波堤

對馬列島與釣魚台列嶼分布在日本海至東海一帶。日本政府主張二者基於歷史因素以及國際法規定，都清楚認定屬於日本領土，然而韓國政府主張擁有對馬列島主權，中國、台灣則各自主張擁有釣魚台列嶼主權。靠近韓國本土的對馬列島，雖然已駐有日本自衛隊基地，但仍有韓國人在收購島上土地。

對馬列島
隸屬長崎縣，位於日本與韓國中間，居民約3萬人。

釣魚台列嶼
隸屬沖繩縣，位於石垣島西北方170公里處。由8座島嶼組成。

> 釣魚台列嶼、對馬列島在東海及日本海爭霸中具有關鍵地位！

北韓／南韓／日本海／中國／對馬列島／石垣島／與那國島／台灣／東海／奄美大島／沖繩／釣魚台列嶼／宮古島

洋。也就是說，📍**圍繞著對馬列島與釣魚台列嶼的紛爭，都是陸地強權中國與海洋強權美國及日本之間勢力鬥爭的一環**。中國的目的在於獲取據點以稱霸日本海及東海，而日本與美國則企圖阻止中國。此外，📍**釣魚台列嶼由於地理位置涉及中國對台問題**，因此成為中、美、日等國對立的原因之一。

此外，目前有件事尚未引起關注，那就是中方的目標其實是掌握所有近海據點，因此目前除了對馬、釣魚台以外，📍**其他島嶼也開始捲入近海爭端**。

📍 美國政壇「（當時）實質地位排名第三」的政治家裴洛西訪台

南西‧裴洛西（Nancy Pelosi）是過去25年來，美國訪台官員中層級最高的政務人員。2022年，她到台灣拜訪了立法院，與時任總統蔡英文會談，表達對台灣的堅定支持。對此，中國表示美國「違反一中原則」，並主張裴洛西此次訪台是對中國主權的侵害、「公然政治挑釁」，提出了猛烈的抗議。

📍 周邊其他島嶼也有危險？ 石垣島與宮古島的現況

除了對馬列島與釣魚台列嶼以外，其他東海周邊島嶼也是陸地強權占為據點的目標。日本為了加強防衛，分別在2016年於與那國島及2019年於宮古島都派遣自衛隊駐屯。此外，石垣島的自衛隊駐屯地也在2023年啟用。

與那國島
隸屬沖繩縣。位於台灣東方約110公里處，是日本國土最西端。人口約1,600人。

宮古島
隸屬沖繩縣。位於沖繩西南方300公里處。居民約54,000人。

石垣島
位於宮古島以西南120公里處。人口約49,000人。

05 Question

除了嚇阻以外，**美軍駐日**對日本還有哪些意義？

「可惡的中國，別想得逞！」

美國海軍

油輪

Safe

美國海軍

日本

「如果缺乏石油，國力就會衰弱…」

石油消費量居世界第 6！
日本產業的命脈是石油

石油至今仍是日本最重要的能源供給來源，日本的進口量排名世界第六，每日約334萬桶，相當於每14小時就需要一艘裝載200萬桶石油的油輪補給一次，以避免短缺。

石油消費量世界前六名的國家

第 1 名	美國 1,868.4 萬
第 2 名	中國 1,544.2 萬
第 3 名	印度 487.8 萬
第 4 名	沙烏地阿拉伯 359.5 萬
第 5 名	俄羅斯 340.7 萬
第 6 名	日本 334.1 萬

（單位：桶／每日）

BP Statistical Review of World Energy 2022 - Oil: Consumption

大型油輪每天必須補給兩趟，否則日本就會完蛋！

Chapter3 日本的地緣政治學

日本的原油消費約 90% 進口自中東

日本最大原油採購對象國依序為沙烏地阿拉伯、阿拉伯聯合大公國、科威特，不難看出相當依賴中東國家。附帶一提，日本其實也產石油，只是產量不足世界總產量的1%。

俄羅斯 3.6%　　其他 6.5%
卡達 7.8%
科威特 8.4%
沙烏地阿拉伯 37.3%
總進口量 14,894 萬公秉
阿拉伯聯合大公國 36.4%

參考日本經濟產業省《資源與能源統計年報》製作

俄羅斯
如果不走這條航道，你們也可以取徑北極海航道喔～

中國
我要干涉這條航道～如果不想被干涉的話，就要給我一點好處～

中東
多謝惠顧～

東南亞

油輪

咽喉點
荷莫茲海峽

咽喉點
麻六甲海峽

美國海軍

支撐日本的命脈

麻六甲‧新加坡海峽航道

如果無法安全通過此航道，就無法進口充足的石油。

Answer 05

平時大家都沒有注意
日本進口石油的運輸要道，幾乎完全仰賴美軍守衛

解說

日本經濟正常運作要感謝美軍？

關於美軍駐日的意義，與眾人最切身相關的例子就是美軍守衛了日本的石油運輸要道。日本之所以能夠穩定進口石油、維繫經濟活動，幾乎全是美軍的功勞。

日本的石油近九成進口自中東，🔑**石油油輪取道**

> 繞道印尼的路線勉強可行，繞道澳洲的路線則 OUT！

日本主要的石油運輸路線是麻六甲‧新加坡海峽航道，萬一麻六甲海峽遭到封鎖，還可以改道印尼，經過龍目海峽與望加錫海峽的航道，讓日本經濟得以暫時無虞。然而，當這條要道也無法使用時，日本只能更往南下，選擇繞過澳洲的巴士海峽、南太平洋航道。但通行這條航道會耗費太多時間，不利於日本的經濟運作。

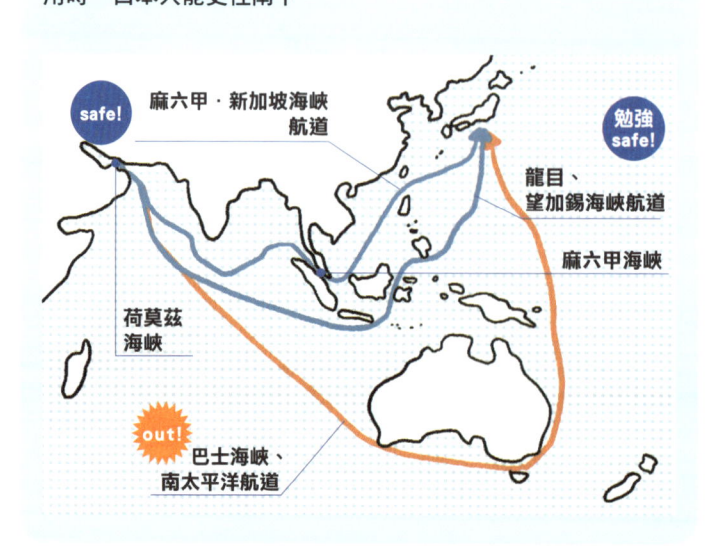

- safe! 麻六甲‧新加坡海峽航道
- 勉強 safe! 龍目、望加錫海峽航道
- 麻六甲海峽
- 荷莫茲海峽
- out! 巴士海峽、南太平洋航道

荷莫茲海峽與麻六甲海峽後來到日本。荷莫茲海峽向來海盜肆虐，麻六甲海峽近年則有中國海軍出沒，📍**這條路徑超乎想像的危險**。儘管如此，美軍仍守護著這條要道。美國素有「世界警察」之稱，背後的意涵其實是美國海軍守護著海洋的秩序。

為了擺脫對中東能源資源的依賴，📍**日本政府曾計畫建立起自俄羅斯的石油與天然氣輸送管道**，然而由於南千島群島爭議未解，計畫能否實現仍是未知數。

至今仍危機四伏！
2023年日本郵船公司的運輸船在紅海遭劫持

2023年11月，葉門的伊斯蘭反政府軍事組織「胡塞武裝」在紅海劫持了日本郵政的運輸船。附帶一提，據報導當時船上乘員包括保加利亞人及菲律賓人25人，沒有日籍船員。

敘利亞　伊拉克　伊朗
約旦
沙烏地阿拉伯
紅海
日本郵船公司的運輸船被挾持的地區
葉門

俄羅斯與日本原本計畫要建造
跨國輸油管線，但是……

國際間有許多透過輸油管線來輸出資源的案例。日俄兩國原本計畫建造一條由俄羅斯出發，經過庫頁島，進入日本的管線，但雙方因為南千島群島爭議而交惡，計畫因此遲滯不前。

輸油管線
要不要建造輸油管？我需要錢。　俄羅斯
可是我們還在吵架…　日本

06 Question

日本現階段還不需要擔心北韓飛彈？

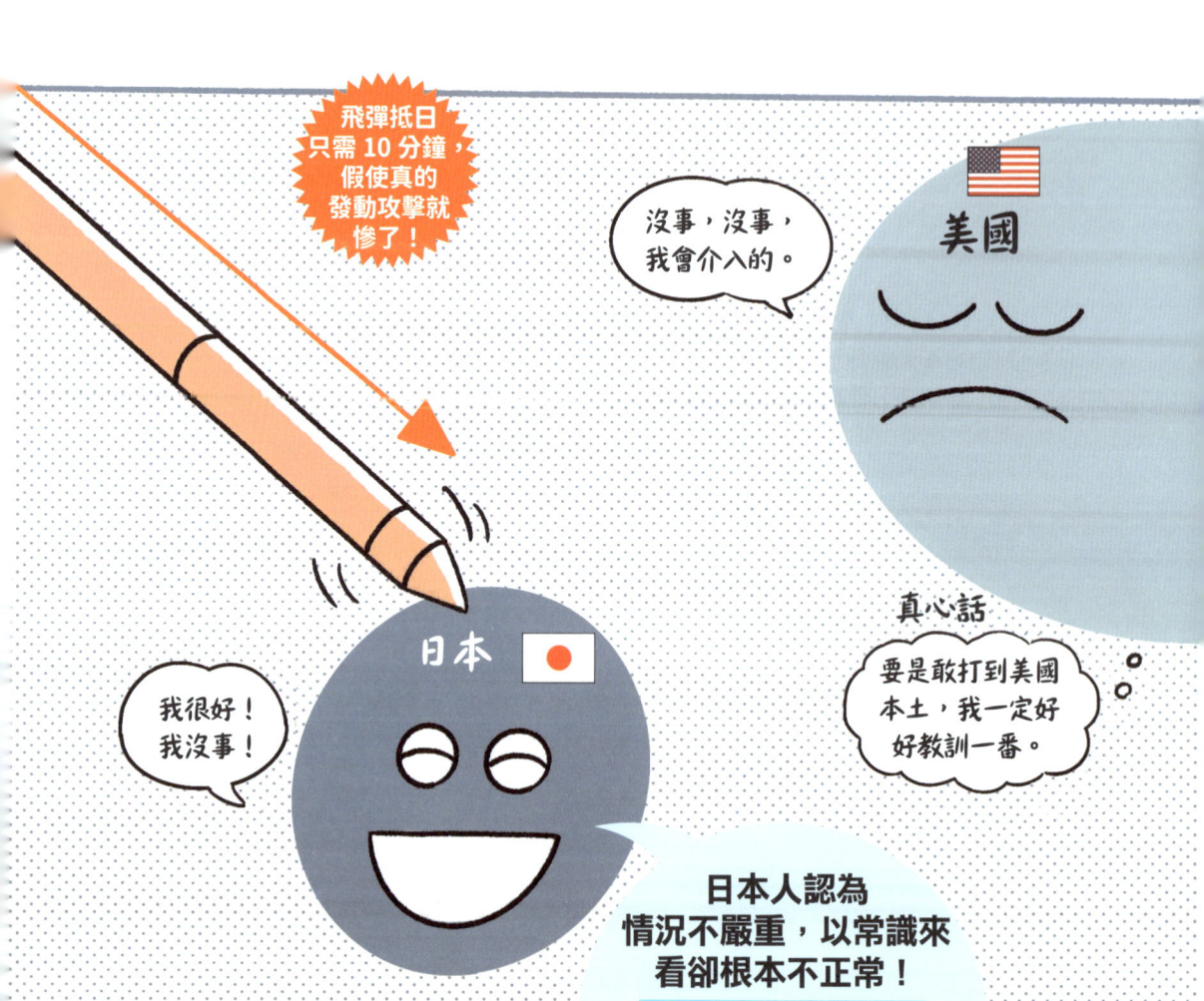

飛彈抵日只需10分鐘，假使真的發動攻擊就慘了！

沒事，沒事，我會介入的。

美國

真心話

要是敢打到美國本土，我一定好好教訓一番。

我很好！我沒事！

日本

日本人認為情況不嚴重，以常識來看卻根本不正常！

北韓飛彈從發射到抵達日本本土只要10分鐘，已對國家安全構成莫大威脅。

海洋霸權（美國派）勢力

Chapter3 日本的地緣政治學

🇨🇳 中國

陸地霸權
（中國派）
勢力

沒事，沒事
大家要善待
北韓。

🇰🇵 北韓

蘆洞彈道飛彈

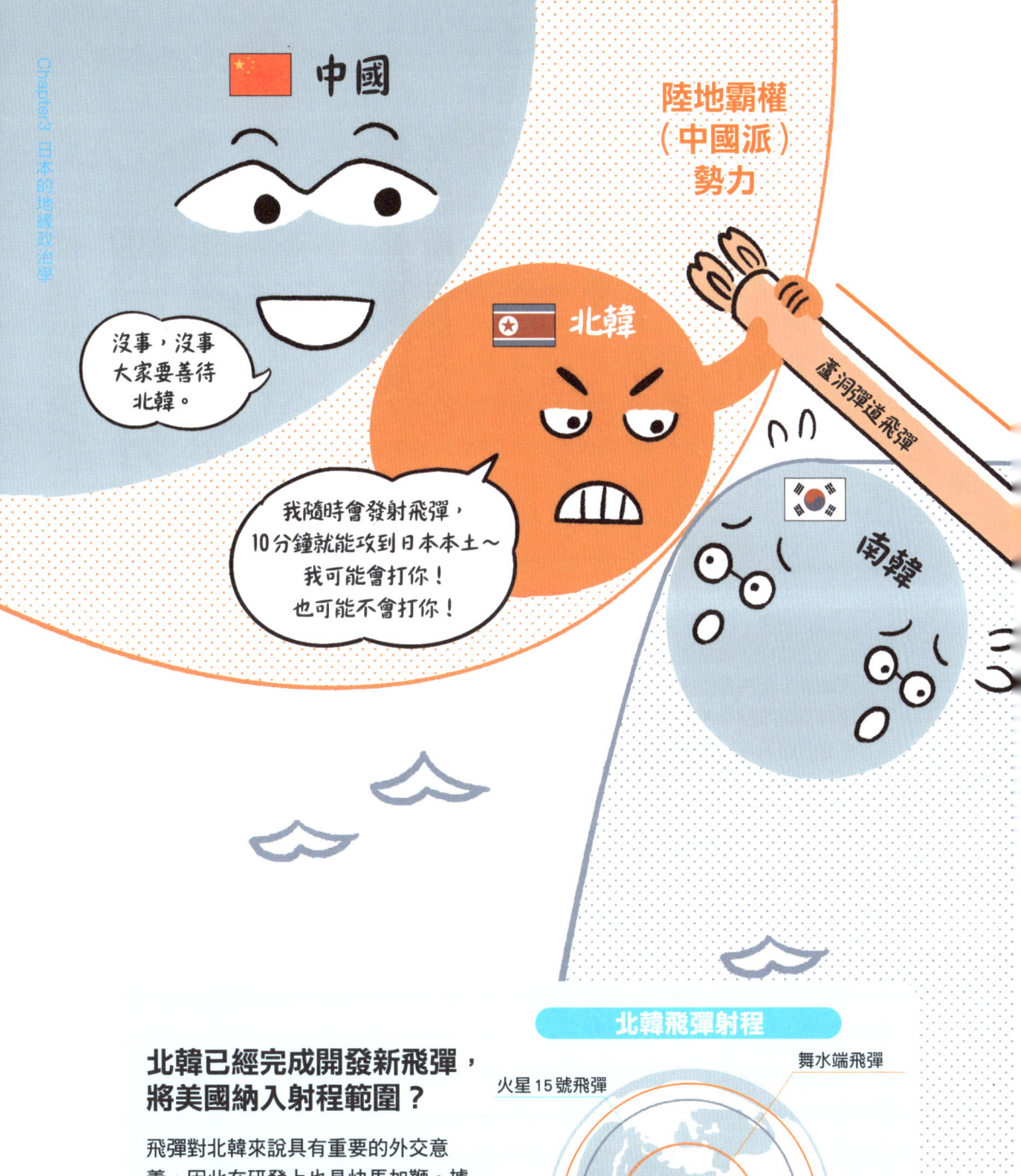

我隨時會發射飛彈，
10分鐘就能攻到日本本土～
我可能會打你！
也可能不會打你！

🇰🇷 南韓

北韓已經完成開發新飛彈，將美國納入射程範圍？

飛彈對北韓來說具有重要的外交意義，因此在研發上也是快馬加鞭。據報導，除了已經開發出射程幾乎涵蓋日本全境的蘆洞彈道飛彈，以及射程範圍涵蓋中國的舞水端飛彈，和射程涵蓋美國的火星15號飛彈，2023年更進行了火星18號飛彈的發射訓練。

北韓飛彈射程

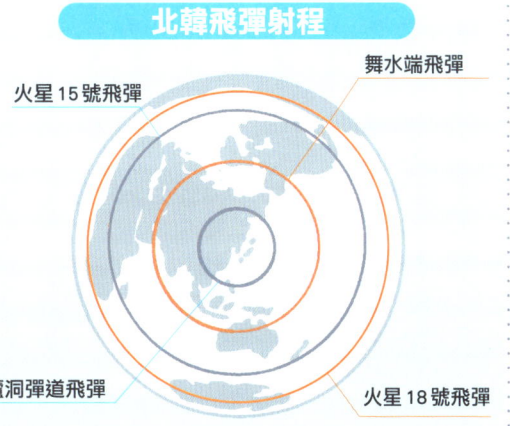

- 火星15號飛彈
- 舞水端飛彈
- 蘆洞彈道飛彈
- 火星18號飛彈

123

06 Answer

不懼怕飛彈的日本人比較不正常

飛彈10分鐘就能飛抵國土,已構成莫大威脅,換作美國可能已空襲對方?

解說
北韓究竟在想什麼?充滿謎團的真實意圖

北韓正在研發10分鐘就能夠飛抵日本的彈道飛彈。雖然日本國內並未因此陷入混亂,但對國土安全已造成相當高風險的威脅。甚至有美軍人士認為:「如果美國本土面臨同等威脅,可能已空襲對方。」

📍 **不為人知的北韓內情①**
縝密且縱向劃分的官僚組織

彼此難以合作!

從國際新聞中能夠觀察到,統治北韓絕非容易之事。儘管如此,金氏家族卻能長久維持獨裁體制,原因之一便是官僚體系被細密切割成縱向型的組織。不同職務的官僚難以合作,因此不易發起大規模政變。

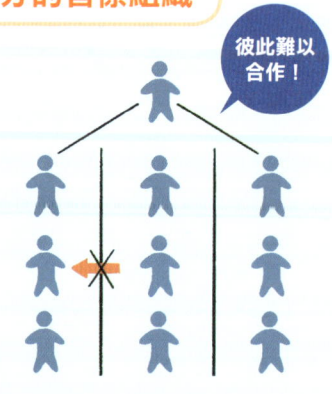

📍 **不為人知的北韓內情②**
刻意營造「讓人捉摸不透」的形象也是戰略之一!?

難道北韓想成為類似越南的國家?

北韓真的會使用核武嗎?

如果無法預測對手,各國將難以行動。

「讓人猜不透」其實是刻意為之的戰略。資源稀少的北韓,如果讓對手覺得「猜不到底牌」,就有可能爭取到想要的談判結果。也有人認為北韓的發展目標是走向如同越南「市場經濟+一黨獨裁」的國家。

124

金氏家族長久獨裁統治北韓，以縱向劃分的方式設計官僚組織，因此不易發生叛亂。而北韓常帶給國際社會一種「讓人捉摸不透」的印象，其實這也是戰略的一環。

從地緣政治學上的東亞勢力分布圖可以看出，中國、北韓等陸地強權與美國、日本、南韓等海洋強權形成對立。南韓雖然與美國結成軍事同盟，但近來也出現向中國靠攏的態勢，這將會動搖美國與日本的地緣政治板塊。

在長遠歷史中，日中韓三國目前的勢力版圖相當罕見

如本書P.99所述，目前中日韓的勢力版圖在歷史中相當少見。過去，中國及朝鮮半島的陸地強權與日本的海洋強權基本上是對立的。而目前的狀態可追溯至二戰後，蘇聯支持的北韓政府與美國支持的南韓政府發生韓戰，雙方簽訂停戰協定，以北緯38度線為國境。

韓戰前

陸地強權勢力與海洋強權勢力的交界在日本海，即如今對馬列島的位置。

韓戰後

由於南韓加入海洋強權，因此目前的勢力交界基本上是以北緯38度線為界線。

地緣政治學專欄

05
「島國」、「半島」、「內陸國」等國土形狀特徵，與地緣政治戰略密切相關！

　　各位讀者閱讀至此，想必都已了解國土形狀在地緣政治學上具有重大意義，就和種族、產業、政治體系等因素同樣深刻影響著國家的一舉一動。

　　舉例而言，全世界約有50個島國。**島國因為擁有海洋作為天然屏障，易守難攻。因此相較於陸地邊界與他國接壤的國家，防衛成本較低。**相反的，島國要出征周邊國家時需要跨海移動，如果經濟不夠寬裕，則難以派出大規模軍隊。

　　內陸國則正好和島國相反，邊界全是陸地，完全被鄰國包圍，因此易於侵襲他國，也易遭侵襲。**這使得內陸國家常會產生「為了避免遭受侵襲，所以要主動攻擊他國」的想法，傾向擴張國土。**

　　位於半島的國家，與他國陸地的連接處容易遭到入侵，陸地連接處以外的地方則受海洋包圍而無處可逃，**因此往往很容易受到周邊強國的影響。**由北韓與南韓分踞兩端的朝鮮半島，自古以來便受到中國的強烈影響，至今依舊如此。

Chapter 4

Other places Geopolitics

各種戰略錯綜複雜交織在一起

亞洲、中東、歐洲的地緣政治學

與俄羅斯及美國相比，
亞洲、歐洲及中東是由許多領土較小的國家組成。
這些小國受到大國的擺布，
因此各自發展出獨有的地緣政治學戰略來保衛自己。

的特質

亞洲有許多小國，也有幾個大國正在國際上崛起。各國的戰略與未來發展究竟如何？

I 外交
善於在大國之間**權衡利弊**的小國群像

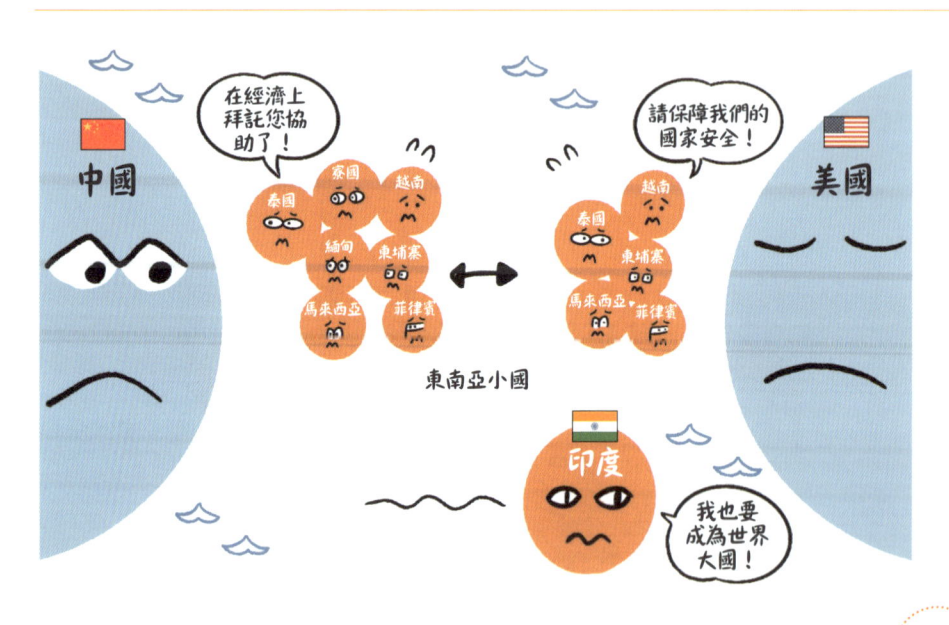

中國：在經濟上拜託您協助了！

美國：請保障我們的國家安全！

東南亞小國（泰國、越南、緬甸、柬埔寨、馬來西亞、菲律賓）

印度：我也要成為世界大國！

解說

在海洋國家與大陸國家之間擺盪的區域

在亞洲，有許多領土面積較小的國家如泰國、越南等，夾在中國及印度之間。亞洲沿海地區在地緣政治學上屬於邊緣地帶，歷史上陸地強權與海洋強權不斷在此區域爆發衝突。

近年來，由於大陸強權中國積極在南海拓展勢力，使得這個區域備受矚目。作為海洋強權的美國，則派遣軍艦牽制中國。而東南亞各國由於國力並不強盛，必須在經濟上倚賴中國，在國家安全上則依賴美國，彷彿將兩大國置於天秤之上，企求取得平衡。

128

認識亞洲地緣政治

II 文化
東南亞可分為中國、印度、波斯三大文化圈

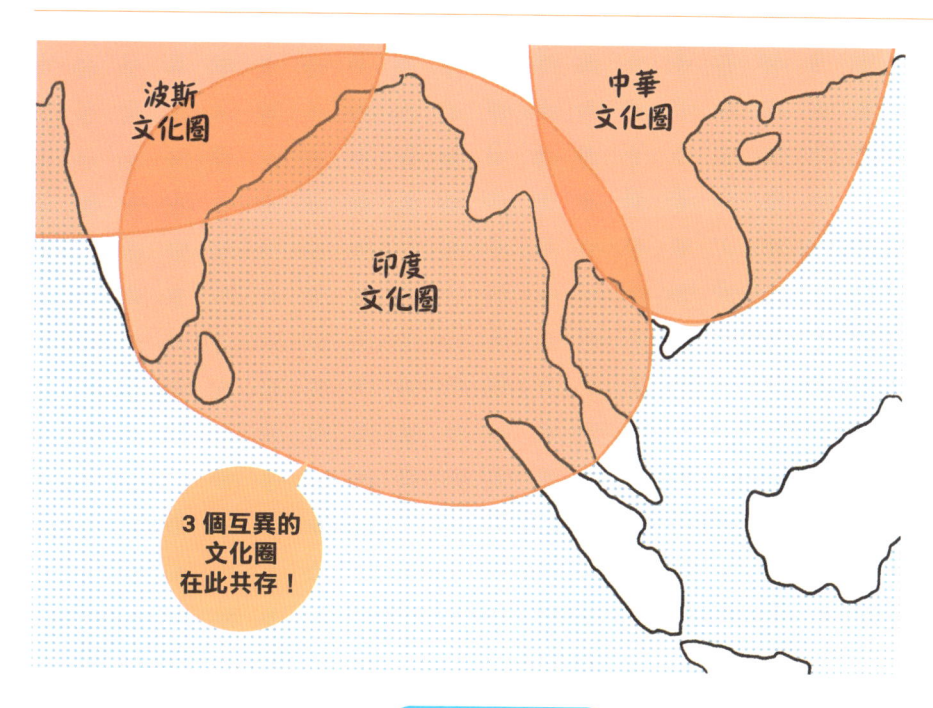

波斯文化圈

中華文化圈

印度文化圈

3個互異的文化圈在此共存！

在面積廣大的太平洋與印度洋上，散布著許多零星小島，構成了東南亞。這個區域自古以來幾乎不曾有任何強盛的國家，各個小國深受周邊強國影響，依地域位置可分為三個大文化圈。

印度文化圈

泰國、柬埔寨及馬來西亞在文字、語言、宗教等方面受印度影響較多。

中華文化圈

這塊區域自古以來就受到中國的強烈影響，越南北部尤其明顯。

波斯文化圈

至今仍擁有眾多伊斯蘭教信徒，足見波斯文化影響之深遠。

01 Question

躲在中國背後飛速成長
近年來逐漸崛起的**印度**
如何與**中國**對立？

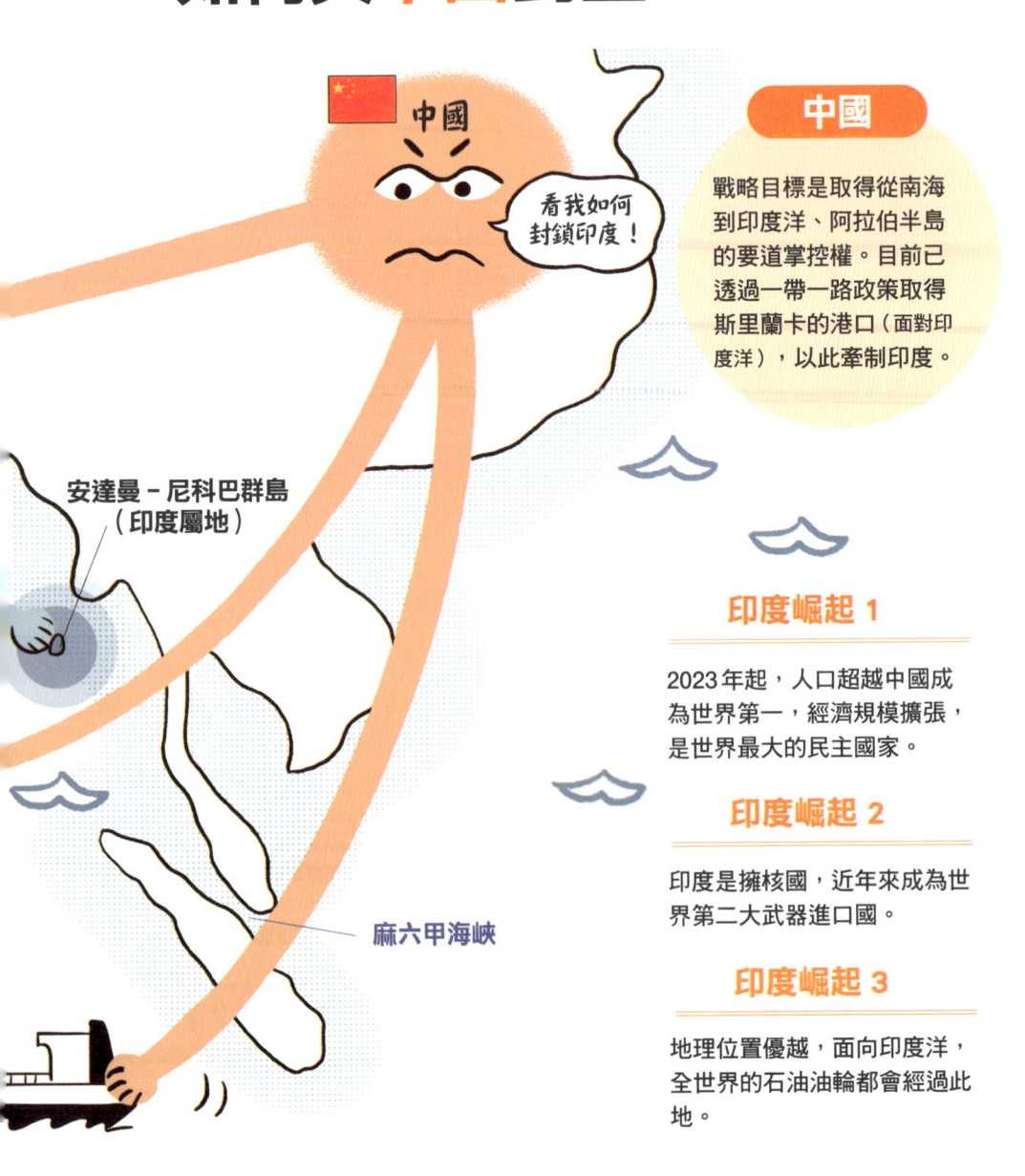

亞洲

中國

看我如何封鎖印度！

戰略目標是取得從南海到印度洋、阿拉伯半島的要道掌控權。目前已透過一帶一路政策取得斯里蘭卡的港口（面對印度洋），以此牽制印度。

安達曼－尼科巴群島
（印度屬地）

麻六甲海峽

印度崛起 1

2023 年起，人口超越中國成為世界第一，經濟規模擴張，是世界最大的民主國家。

印度崛起 2

印度是擁核國，近年來成為世界第二大武器進口國。

印度崛起 3

地理位置優越，面向印度洋，全世界的石油油輪都會經過此地。

130

中國解放軍與印度軍隊爆發邊境衝突

中國的西藏自治區與印度的拉達克地區領土相鄰，2020年中印於此地邊境爆發衝突，兩軍都有士兵陣亡。

印度與中國的對立

印度

計畫推動東非與東南亞攜手合作以對抗中國。安達曼－尼科巴群島將成為印度洋重要的戰略樞紐。

中國與印度因爭奪石油運輸要道的主控權，爆發衝突

全世界的石油油輪都會經過印度洋，快速成長中的印度在這片海洋上發展出自己的地緣政治戰略，與積極向海洋擴張的中國產生衝突。

印度與中國的對立

印度：「印度洋是我的！」

斯里蘭卡

01 Answer

印度洋上爭端不斷！
對快速崛起的印度和中國而言，確保石油運輸要道是最重要的課題

解說

擴張對印度洋影響力一事變得更加重要

如今全世界都在關注印度，原因如下：首先，印度的經濟與人口的成長率相當高。印度於二〇二三年成為全球人口第一的國家，🔍**預計在二〇五〇年也將成為繼美國與中國後的世界第三大經濟體**。

其次，印度擁有面向印

印度經濟成長表現亮眼，2050 年將追上美、中？

印度每年有 2,500 萬人口出生，總人口數在 2023 年超越中國，成為全世界最多人口的國家。此外，印度 14 億人口中有半數在 25 歲以下，相較於日本的國民平均年齡 48 歲，印度的平均年齡只有 28 歲。擁有龐大青年世代人口也是國際社會預期印度將會崛起的理由之一。

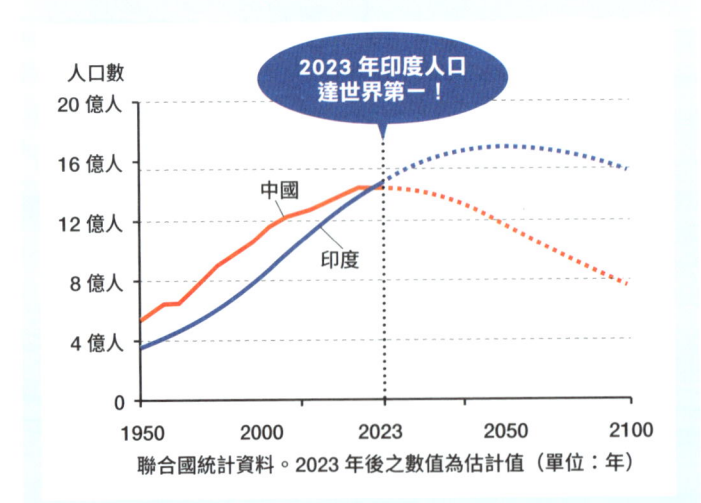

2023 年印度人口達世界第一！

人口數
- 20 億人
- 16 億人
- 12 億人 — 中國
- 8 億人 — 印度
- 4 億人
- 0

1950　2000　2023　2050　2100

聯合國統計資料。2023 年後之數值為估計值（單位：年）

▼

隨著人口增長，掌握石油變得日益重要！

132

度洋的絕佳地理位置，而印度洋正是石化產品運輸的必經要道。中國的石油消費量年年增長，因此也認知到印度洋的重要性，急欲控制石油運輸要道。

目前，中國控制了印度洋的斯里蘭卡，印度則以安達曼－尼科巴群島為據點，**兩國在印度洋彼此角力、互相牽制。**

此外，兩國於二○二○年在國境交界處發生軍事衝突，目前處於對立狀態。

印度與中國為了石油運輸的要道樞紐——印度洋而爆發對立

中國進口的原油有半數會通過麻六甲海峽，一旦遭到封鎖，就會陷入危機。因此，中國積極確保其他要道，包括在巴基斯坦等地建設港口，也增加自俄羅斯的石油進口量等。對此，印度則加強與東非、東南亞的合作關係，計畫從外往內包圍中國的運輸要道，與之對抗。中國在鄰近印度的斯里蘭卡島上擁有港口，印度則擁有安達曼－尼科巴群島，雙方監視著彼此的要道。

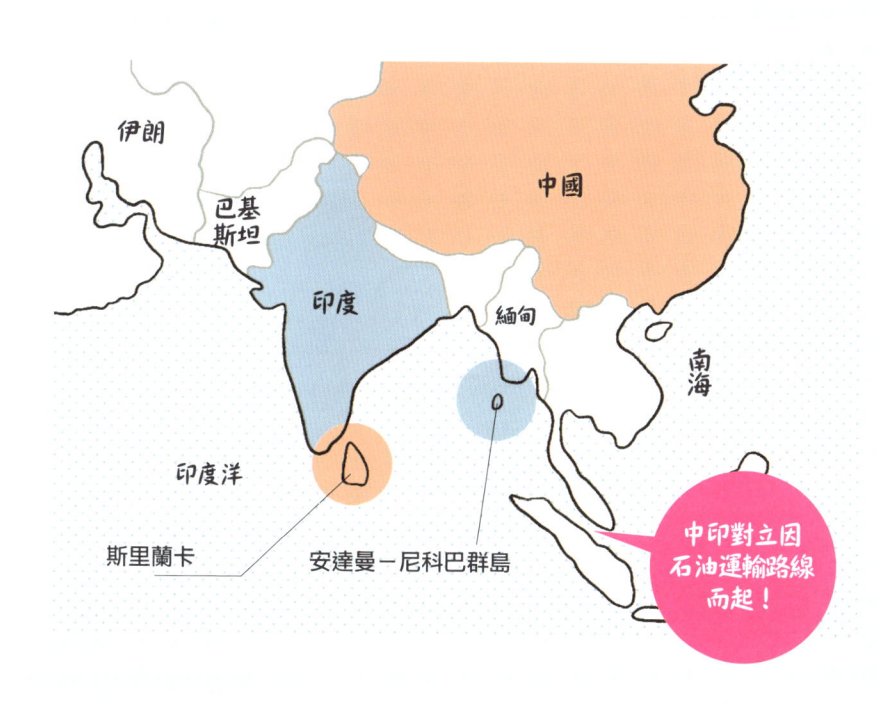

中印對立因石油運輸路線而起！

02 Question

東南亞各國：
越南、寮國、柬埔寨、泰國與美國、中國的關係究竟如何？

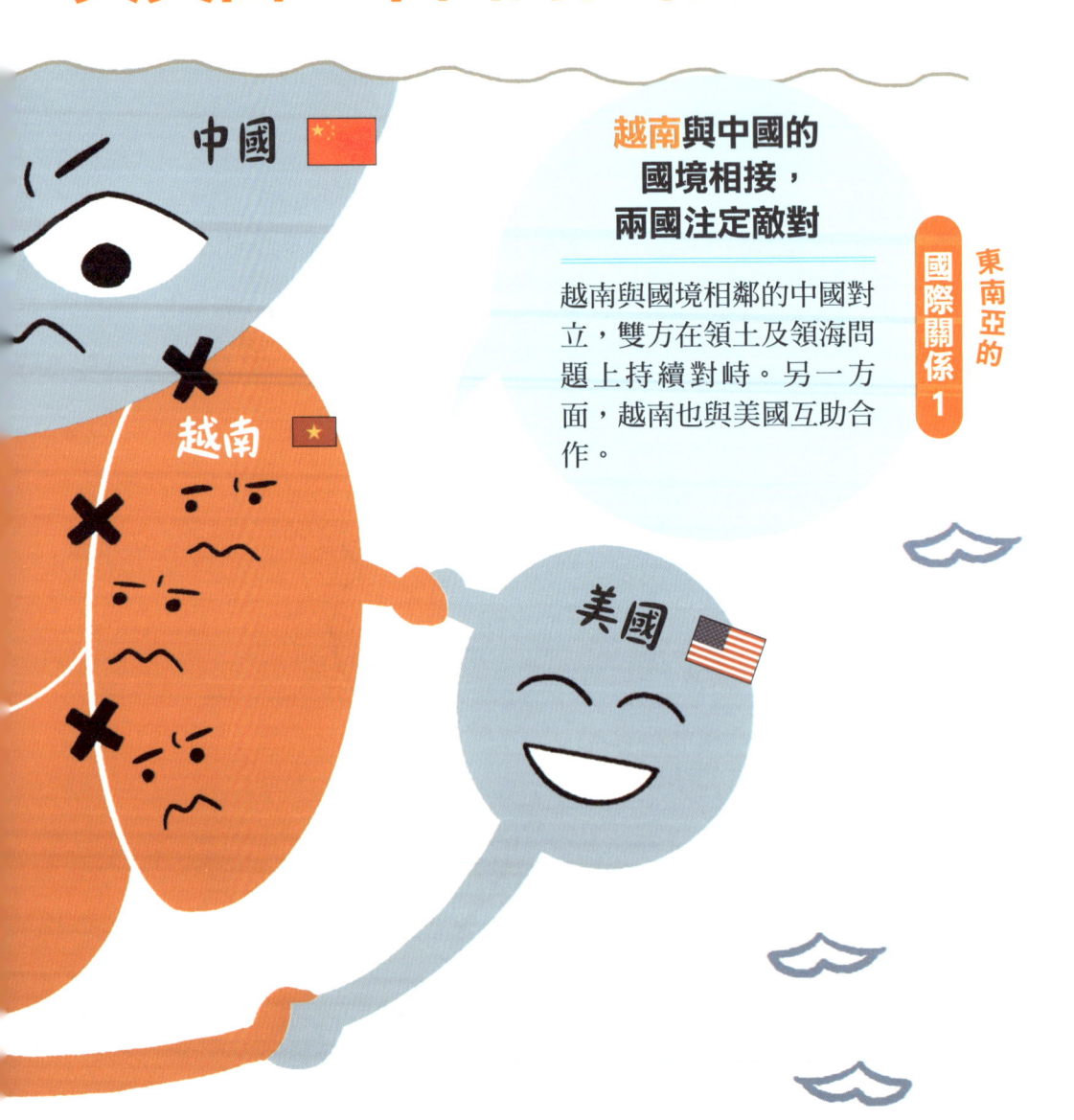

亞洲

越南與中國的國境相接，兩國注定敵對

越南與國境相鄰的中國對立，雙方在領土及領海問題上持續對峙。另一方面，越南也與美國互助合作。

東南亞的國際關係 1

中國
越南
美國

134

〈東南亞地圖〉

寮國與柬埔寨
接受中國援助，與越南對抗

東南亞的國際關係 2

寮國與柬埔寨一面接受中國的援助，一面牽制共同敵對的越南。

泰國對中、美採取平衡外交，**緬甸**發生內戰

東南亞的國際關係 3

泰國雖然是東南亞少數的美國同盟國，但中國是其最大貿易對象，因此在外交上不斷求取平衡。緬甸軍方與民間對立，2021年發生內戰，與美、中兩國的關係也很微妙。

02 Answer

嚴重依賴中國

東南亞必然要在美、中之間採取「平衡外交」戰略

解說

東南亞在經濟依賴與國防安全間搖擺

目前東南亞各國的國力都相對不強盛，因此**在經濟上必須依賴中國**。另一方面，這些國家也接受美國援助，因此**必須在中、美兩國間維持平衡**。

越南和中國同為共產主義國家，在政治等方面有時會合作，但基本

> 中國的經濟影響力逐年增長，部分東南亞國家對中國的進口占比接近 40%

近十年間，中國都是東協各國的最大貿易夥伴。由於中國所推動的「一帶一路」計畫，中國與東協各國的進出口貿易占比逐年增加，關係不斷深化。其中，寮國的對中出口占比超過其總出口量的 30%，柬埔寨、越南的對中進口占比也超過 30%。

東協各國對中國的進口及出口貿易占比

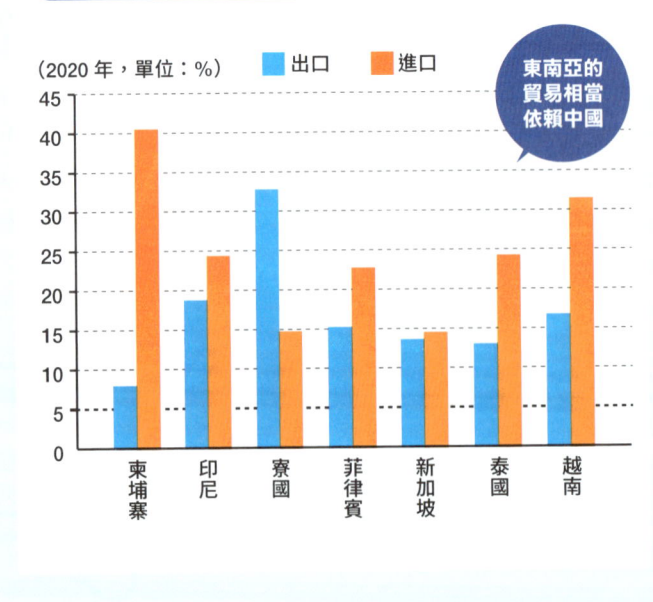

（2020 年，單位：%）　■出口　■進口

> 東南亞的貿易相當依賴中國

國家	出口	進口
柬埔寨	8	40.5
印尼	19	24.5
寮國	33	15
菲律賓	15.5	23
新加坡	14	15
泰國	13.5	24.5
越南	17	32

136

上關係不和睦,近年來在南海的對峙也愈演愈烈。另一方面,越南與美國在經濟和國家安全保障等方面的合作關係正在加深。

寮國和柬埔寨則藉助中國的力量來牽制敵對的越南。

泰國持續深化與中國的經濟合作,但仍維持與美國的同盟關係,「平衡外交」從過去到現在一直是東南亞各國的基本立場。

東南亞各國與美、中的關係

中國與東南亞各國的關係大致可分為三類:第一是相對親中的國家,如柬埔寨、寮國等國,這些國家對中國的經濟依賴程度逐年加深;第二是與美、中關係都良好的國家,如泰國、汶萊等。第三則是與中國在南沙群島填海造陸問題上有爭議、較為親美的國家,如越南、菲律賓和新加坡。馬來西亞則和美、中都保持一定的距離。

東南亞各國對美中的三類關係

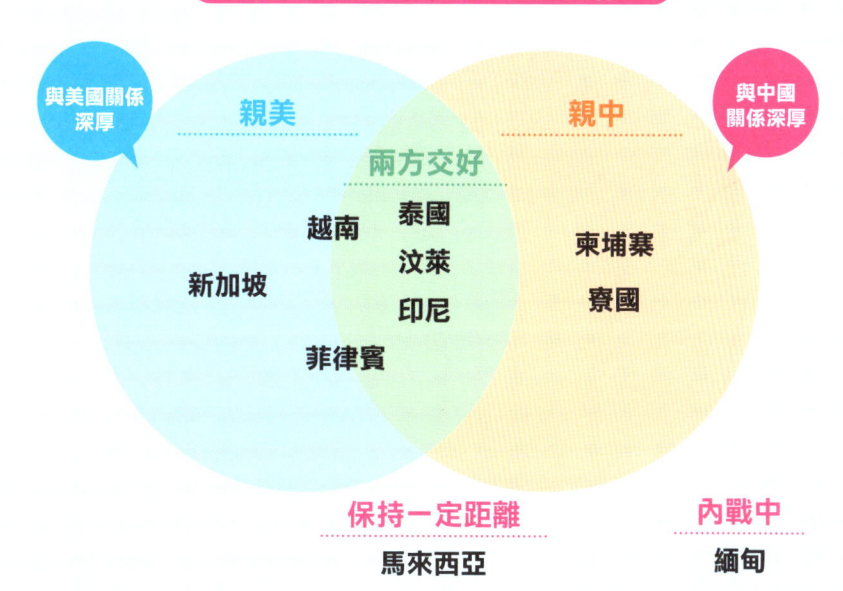

與美國關係深厚 / **親美**
與中國關係深厚 / **親中**
兩方交好

- 親美:新加坡、越南
- 兩方交好:泰國、汶萊、印尼、菲律賓
- 親中:柬埔寨、寮國

保持一定距離:馬來西亞

內戰中:緬甸

03 Question

明明只是小型都市國家
新加坡的成功是源自於
地緣政治上的優勢？

亞洲

飛往位於亞洲邊陲地帶的日本，只需6～7小時飛行時間

解説

活用地理優勢，成為名列世界前茅的經濟大國

新加坡的國土面積只與日本的奄美大島相當，人均GDP卻超過日本，其快速發展的關鍵在於擁有地緣政治上的優勢。

首先，新加坡靠近麻六甲海峽，通過此處的船大多會停靠在新加坡港，帶來優渥的港埠收入，可說是相當成功的中繼港。此外，新加坡的地理位置居於亞洲中心點，四通八達，也是其發展成功的原因之一。新加坡的第一任總理李光耀率先利用這些優勢，積極吸引外資企業、給予租稅優惠、整頓通訊與運輸基礎建設，使得新加坡迅速成長、成為亞洲的商業據點。

138

Answer

第一任總理李光耀的施政成果

利用「位於亞洲中心」、「靠近麻六甲海峽」等優勢迅速發展

優勢 1
作為亞洲運輸樞紐，擁有巨大的潛力

新加坡

麻六甲海峽

優勢 2
位於交通要道的咽喉點，鄰近麻六甲海峽，成為貿易據點

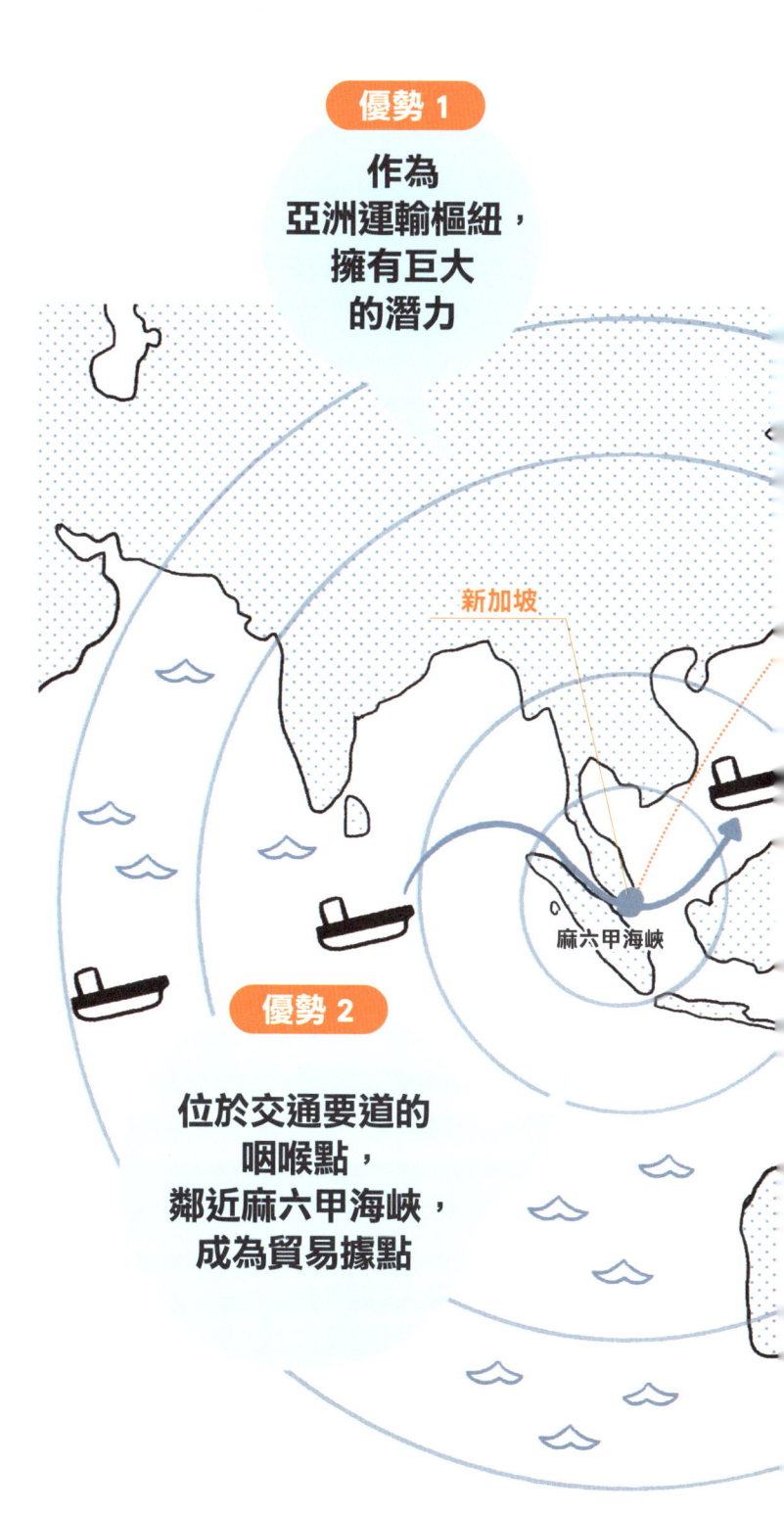

的特質

> 大家都知道中東的局勢相當混亂。那麼，究竟為何這個區域如此混亂呢？

I 地理

自古以來中東就是**貿易中繼站**，近年來則是**石油產地和宗教的中心地**，是世界上的重要區域

古代
作為歐洲與亞洲的貿易中繼點，因此相當發達。

歐洲　中東　亞洲

現代
向全世界出口重要能源——石油。

中東 → 歐洲、其他亞洲國家、中國、日本

II 歷史

中東在鄂圖曼帝國時代相當和平，如今卻是**全世界最混沌的區域**

①從強盛帝國淪落至受英法俄統治
鄂圖曼帝國的統治範圍一度遍及東歐、北非至中東，帝國滅亡後，中東淪為西歐的殖民地。

②各地出現獨裁領導人
二戰結束後，殖民地一一獨立，獨裁者如海珊等在各地紛紛崛起。

③獨裁領導人失勢，民主化運動展開
蘇聯解體、波斯灣戰爭爆發、獨裁政權倒台、阿拉伯之春※興起。

④出現政治真空地帶，混亂加劇
教派衝突與種族糾紛不斷，出現政府公權力無法觸及的真空地帶，伊斯蘭國創立。

※作者注：阿拉伯之春是阿拉伯各國人民發起民主化運動，甚至導致政權交替的社會運動總稱。

140

認識中東地緣政治

Chapter4 亞洲、中東、歐洲的地緣政治學

III 衝突

中東陷入混沌的原因之一，是英法俄在《賽克斯－皮科協定》中，以人為方式隨意瓜分領土

鄂圖曼帝國時代
鄂圖曼帝國的統治相當穩定，中東幾乎不曾發生衝突。

> 不同民族分處各地，和平安定

民族
伊朗人、阿拉伯人、土耳其人、庫德人等

教派
遜尼派（伊斯蘭教）
重視經典。占九成，屬多數派，貧窮階層信徒眾多。

什葉派（伊斯蘭教）
重視血統。占一成，屬少數派。富裕階層信徒多。

第一次世界大戰後
西歐各國在此拓展勢力，破壞舊時秩序，展開新的統治。

> 擅自分割領土，導致混亂！

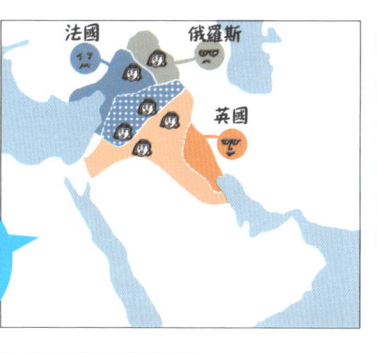

《賽克斯－皮科協定》
英法俄共同簽訂的條約，無視既有的群體區隔而擅自瓜分領土，招致日後的混亂。

《賽克斯－皮科協定》的影響
中東數個國家都曾發生以下情況。

- 缺乏宗教及民族的統一性
  對國家的歸屬感低落，因此重建國家的意識也薄弱

- 長期受他國統治而淪為傀儡國家，難以自立
  若無獨裁領導人，國家便難以治理

（地圖標示：土耳其、黎巴嫩、以色列、敘利亞、伊拉克、伊朗、約旦、埃及、沙烏地阿拉伯、葉門、阿曼）

141

> 解説
> 造成中東混亂的禍首，是某項密約……

中東自古以來就是貿易中繼站，近年則因作為石油產地和宗教中心地，成為世界級的重要區域。雖然現代的中東頻頻爆發衝突，但在鄂圖曼帝國統治時期，中東十分和平穩定，兼容不同信仰、語言，因此長治久安。

中東陷入混亂的禍首之一，是 **一九一六年英法俄為瓜分鄂圖曼帝國領土所簽訂的《賽克斯－皮科協定》**。這份協定以人為方式在中東地區畫出分界

除了《賽克斯－皮科協定》以外，英國還簽訂了兩個相互矛盾的密約

英國在簽訂《賽克斯－皮科協定》的同時，還簽訂了兩個相互矛盾的密約。其一是《貝爾福宣言》（Balfour Declaration），內容是支持猶太人在巴勒斯坦建立民族國家，以換取從猶太人手中獲得戰爭軍費。其二是《麥克馬洪－海珊協定》（McMahon–Hussein Correspondence），承諾阿拉伯人只要向鄂圖曼帝國發起叛亂，就會承認其獨立。

英國的三面人外交！

《貝爾福宣言》　《賽克斯－皮科協定》　《麥克馬洪－海珊協定》

概觀中東局勢①　中東各國的民族與教派特徵

	伊朗	沙烏地阿拉伯	土耳其	敘利亞	以色列
主要民族	波斯人	阿拉伯人	土耳其人（庫德人※）	阿拉伯人（庫德人※）	猶太人（阿拉伯人※）
主要教派	什葉派	遜尼派（極端保守的瓦哈比派）	遜尼派	什葉派（統治階層主要為什葉派，但遜尼派占人口多數）	猶太教、伊斯蘭教、基督教
是否擁有核武	即將擁有，仍未正式製造〇	伊朗擁有的話也會擁有〇	即將擁有〇	高機率沒有✕	高機率擁有〇
對美關係	反美	親美	似乎從親美走向反美	反美	親美

※境內少數民族。

142

線，切出三國的殖民地。武斷的分割方式自然造成了混亂，甚至導致這些殖民地獨立後，仍有 📍「**宗教與民族上都缺乏統一性，國家意識也十分薄弱**」、「若無獨裁者則難以維持統治」等種種後遺症，為中東的長期混亂埋下了遠因。

前有宗教與民族矛盾，如今還加上了石油大國間的利害糾葛以及核武問題紛擾等 📍**國家層面的衝突**，使得中東局勢持續陷於混沌，看不到盡頭。

📍 概觀中東局勢②
值得關注的中東國際關係

目前中東最值得矚目的國家是敘利亞、伊朗、沙烏地阿拉伯、以色列、土耳其這五個國家。從地緣政治學角度來看，以色列與沙烏地阿拉伯隸屬美國的海洋強權派，敘利亞內部分裂為數個彼此對立的派系，土耳其則表現出正逐漸遠離海洋強權的趨勢。伊朗與美國、歐盟等海洋強權對立。2023年以色列和哈馬斯爆發武裝衝突，伊朗也加入，使得局勢更加混亂。

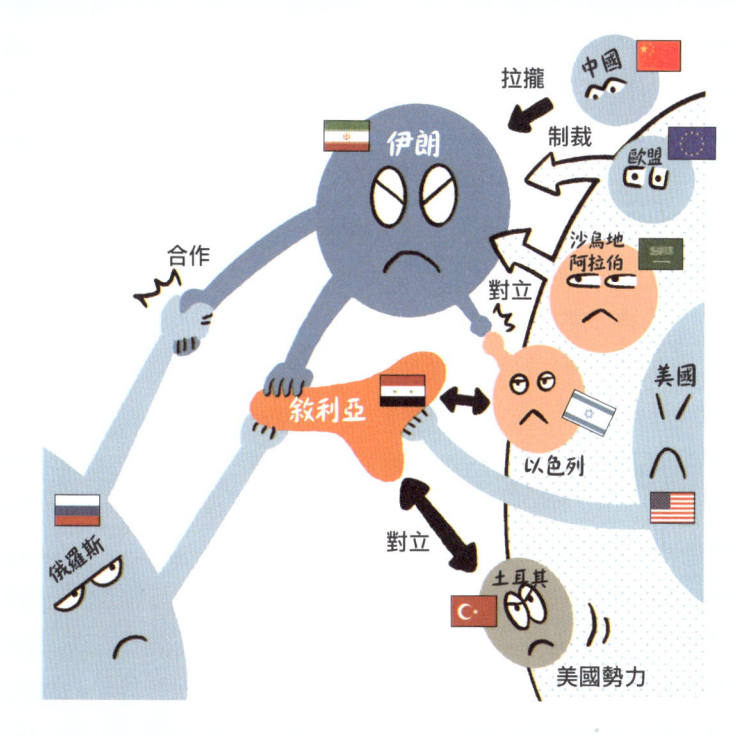

04 Question

中東

伊斯蘭國已經瓦解
敘利亞內戰愈來愈混亂⋯⋯
為什麼衝突持續這麼久？

IS 誕生　誕生於伊拉克的伊斯蘭國，與敘利亞反抗軍會合

反美的伊斯蘭國進入敘利亞境內與反抗軍會合，加入與阿薩德政權的衝突。內戰的背後還有以色列、伊朗等中東大國的干涉。

伊斯蘭國（IS）
誕生於伊拉克西北部的遜尼派反抗軍。為建立伊斯蘭教帝國，在世界各地發起恐怖攻擊。

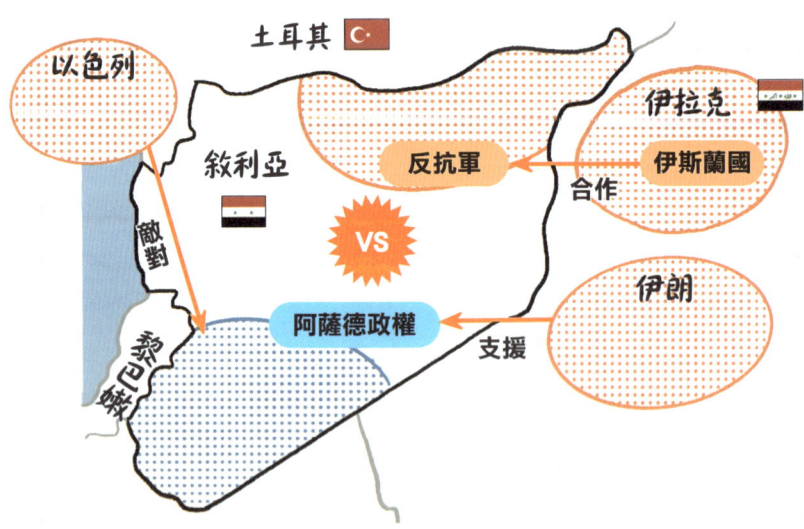

土耳其
以色列
伊拉克
敘利亞
反抗軍 ← 合作 ← 伊斯蘭國
敵對
VS
伊朗
阿薩德政權 ← 支援
黎巴嫩

解說
牽連世界多國的敘利亞內戰

敘利亞內戰由二〇一〇年代初期開始延續至今。敘利亞國內的什葉派獨裁者阿薩德政權與遜尼派反抗軍原本就處於對立，國民大多支持後者。伊朗在背後支援阿薩德政權，與伊朗敵對的以色列也介入這場糾紛，因此目前敘利亞內戰可說是處於代理戰爭的狀態。

同時間，伊拉克國內因反什葉派，以及對美國不滿情緒高漲，催生出遜尼派伊斯蘭國組織，與敘利亞的遜尼派

144

Answer

敘利亞獨裁政權（獲俄羅斯支持）與反抗軍（獲美國支持）爆發衝突

宗教與民族問題盤根錯節導致局勢更加複雜

IS 崛起

各大強權介入阿薩德政權 vs 反抗軍＋伊斯蘭國之間的紛爭

美國支援反抗軍，俄羅斯與伊朗支持阿薩德政權。伊斯蘭國則遭受世界各國攻擊。

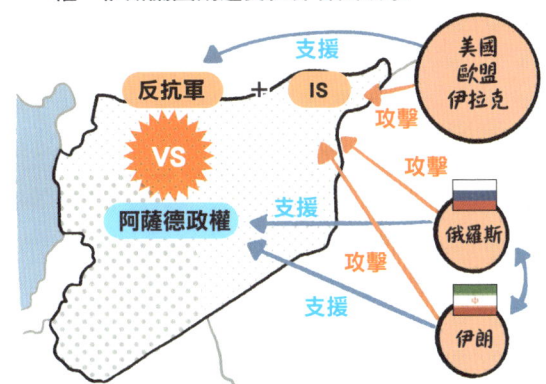

IS 瓦解後

阿薩德政權 vs 反抗軍 vs 庫爾德人三方對抗，加上土耳其干涉

伊斯蘭國消失後，當地庫德族人勢力崛起。敘利亞北部反抗軍＋土耳其派一度占有優勢，但目前是阿薩德政權掌握了局勢。

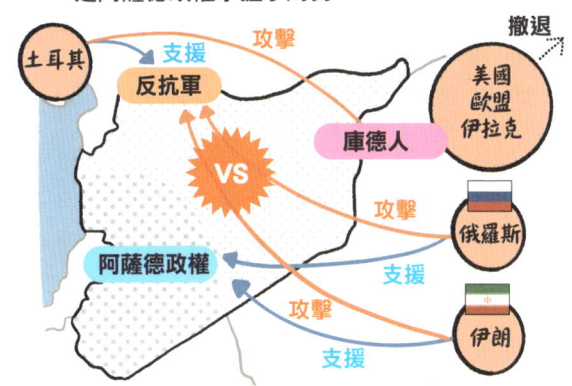

反抗軍會合後，形成「阿薩德政權」對抗「反抗軍＋伊斯蘭國」的局勢。伊斯蘭國在世界各地發起恐怖攻擊，後遭到以美軍為首的空襲，最終於二○一七年瓦解。之後，全球「無國家民族」之中人數最多的庫德人在該地建立起勢力，追求獨立建國。於是，目前敘利亞有三股勢力正在交戰：背後有俄羅斯與伊朗撐腰的阿薩德政權、獲美國支持的反抗軍，以及庫德族人。目前阿薩德政權在軍事上已近乎獲勝，正與中東各國加強合作關係。

05 Question

近來兩國關係進一步惡化
美國與伊朗究竟為何對立？

中東

小布希
以「邪惡軸心」為名，譴責伊朗開發核武，並啟動經濟制裁。

歐巴馬
在對抗伊斯蘭國上與伊朗立場一致。簽署《伊朗核協議》部分認可其核子活動，解除經濟制裁。

川普
認為《伊朗核協議》有缺陷，因此退出協議，重啟經濟制裁。

拜登
基本上延續川普主張，維持退出《伊朗核協議》。

> 反美情緒高漲！

- 美國支持伊朗獨裁政權，該政權因此得以成立。
- 伊朗人民發起伊朗革命推翻獨裁政權。美國在伊朗影響力減弱。 → 伊朗成為反美國家！
- 失去美國支持的伊朗遭到伊拉克入侵。美國支援伊拉克。 → 伊朗更加反美！
- 同時間，蘇聯也南下入侵阿富汗。 → 埋下導致蘇聯解體的遠因！

解說
目前中東地區的主要衝突，是伊朗對抗美國

伊朗國內有許多不可思議的現象，包括：直到今日仍有伊朗人認為自己是波斯人，以及在伊斯蘭教中屬於少數的什葉派在伊朗卻占多數等等。讓我們來回顧這個國家與美國對立的歷史吧。

伊朗反美的起點是一九七九年的伊朗革命。美國為了實現自由市場與民主化，常與獨裁政權對立，但為了取得伊

146

Answer

伊朗革命以來的反美潮流

自從川普退出《伊朗核協議》後，反美情緒更加高漲

世界各國對於伊朗的態度

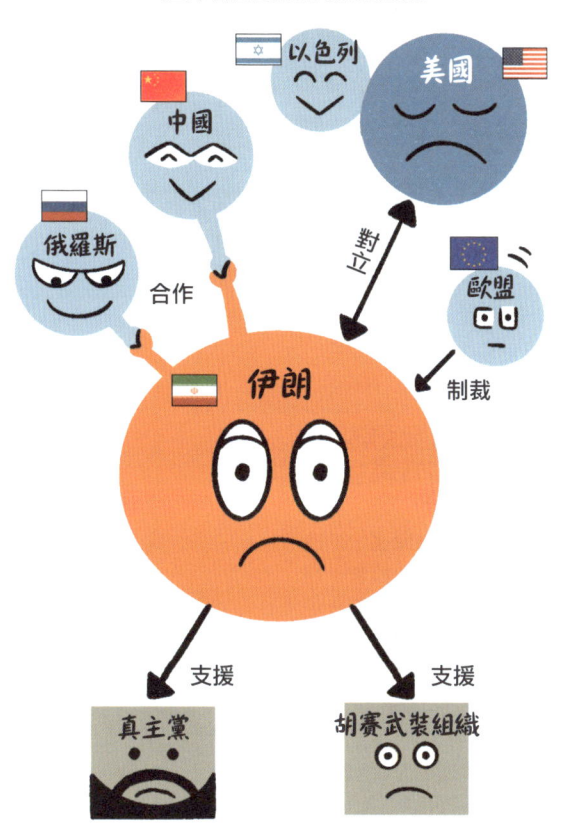

俄羅斯 — 合作 — 伊朗
中國 — 合作 — 伊朗
以色列 — 對立 — 伊朗
美國 — 對立 — 伊朗
歐盟 — 制裁 — 伊朗
伊朗 — 支援 — 真主黨
伊朗 — 支援 — 胡賽武裝組織

伊朗與美國對立，而中國為了提升在中東的影響力，與伊朗維持合作關係。歐盟由於簽署《伊朗核協議》，就核武問題上並未與伊朗對立，但仍實施經濟制裁作為反制。

朗的石油開採權，選擇支持其獨裁政權。因此當伊朗革命推翻獨裁政權時，反美情緒極度高漲。後來，美國總統小布希抨擊伊朗開發核武並實施經濟制裁，但伊朗並未放棄研發核武器。歐巴馬總統任內雖然放緩制裁，但川普當選後再度就核武一事抨擊伊朗，並加強制裁，使得美伊關係更加惡化。拜登總統則延續川普總統的對伊朗政策，維持退出《伊朗核協議》的決定。

147

06 Question

領土比想像中廣闊的中東大國
土耳其與美國、俄羅斯的關係如何？

中東

土耳其雖是北約成員，但與其他成員國立場並不一致

北約唯一的中東國家，地理位置遠離歐美核心國家。在北約組織中，土耳其不一定與其他國家意見一致。

土耳其是不是刻意與我們保持距離呢？

美國

瑞典　義大利　法國　英國

解説

土耳其的戰略是在美國、俄羅斯之間保持微妙平衡

土耳其身為防堵俄羅斯勢力擴張的北約組織一員，屬於海洋強權的陣營。然而，土耳其自有一套遊走於國際社會的獨特戰略。

土耳其繼承昔日的鄂圖曼帝國，擁有成為伊斯蘭世界領袖的意識，並建立了與美國和俄羅斯之間的獨特關係。

舉例來說，土耳其是北約組織唯一的中東國家，與其他成員國的距離遙遠，可說是「離北

148

Answer

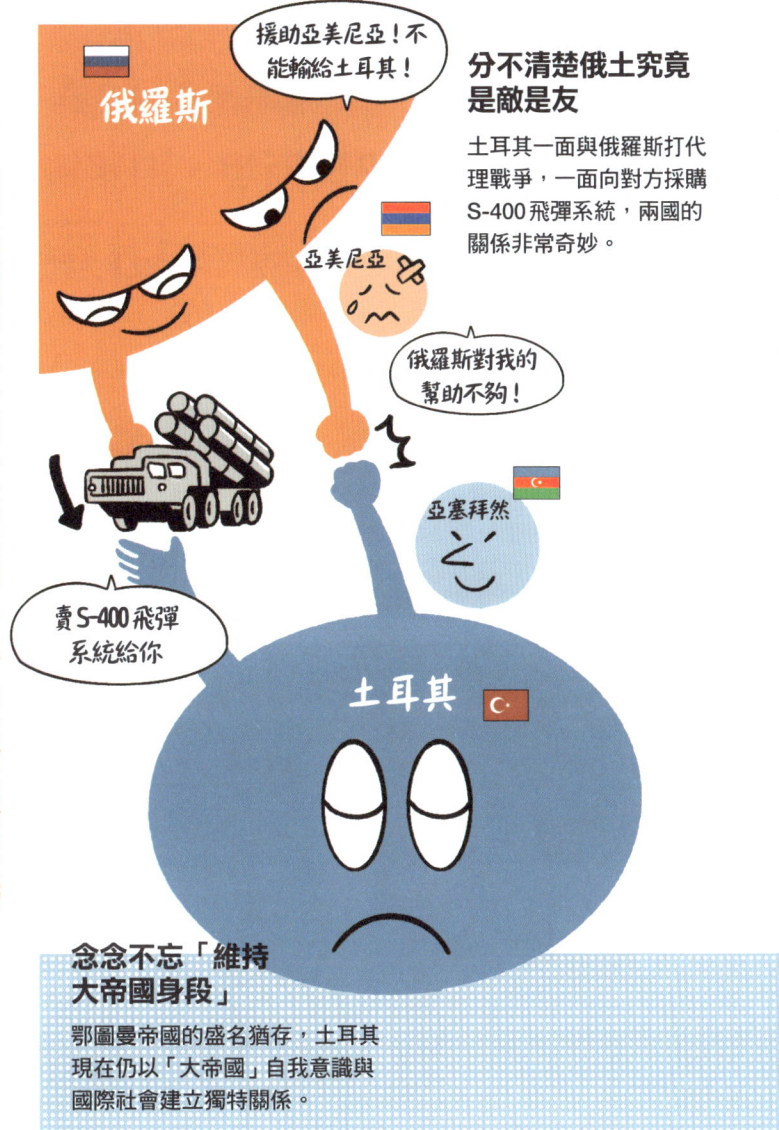

不將美國、俄羅斯完全視為敵人，但也不會過於親近

曾為歷史上的大帝國，外交路線獨特

分不清楚俄土究竟是敵是友

土耳其一面與俄羅斯打代理戰爭，一面向對方採購S-400飛彈系統，兩國的關係非常奇妙。

> 援助亞美尼亞！不能輸給土耳其！ — 俄羅斯

> 俄羅斯對我的幫助不夠！ — 亞美尼亞

> 賣S-400飛彈系統給你 — （對土耳其）

亞塞拜然

念念不忘「維持大帝國身段」

鄂圖曼帝國的盛名猶存，土耳其現在仍以「大帝國」自我意識與國際社會建立獨特關係。

約核心最遠的國家」。與歐美國家常常無法達成共識，站在反對立場的情況也不少。此外，土耳其與俄羅斯的關係也很獨特。亞美尼亞、亞塞拜然長期處於衝突狀態，但這場戰爭實際上是俄羅斯和土耳其之間的代理戰爭。

但在另一方面，土耳其也向俄羅斯採購飛彈系統，兩國既不是敵人也不是夥伴，關係十分複雜。

07 Question

以色列、巴勒斯坦、耶路撒冷衝突……
宗教因素讓一切更加複雜，讓我們從歷史的角度來釐清！

中東

②二戰後聯合國將此地分割成**猶太國家（以色列）**及**阿拉伯國家（巴勒斯坦）**

①散居世界各地的**猶太人移居巴勒斯坦**，與當地阿拉伯人發生衝突

巴勒斯坦

耶路撒冷

以色列

巴勒斯坦人（阿拉伯人）

猶太人

耶路撒冷
這座城市同時是猶太教、基督教及伊斯蘭教的聖地。在伊斯蘭教中屬於第三大聖地。

解說

漫漫無止期的以阿衝突

圍繞著以色列的衝突已持續相當長的時間，以下回顧來龍去脈。

第一次世界大戰後，在《貝爾福宣言》的支持下，全世界的猶太人紛紛移居至巴勒斯坦，建立獨立國家。以色列人和長居當地的巴勒斯坦人（阿拉伯人）因此發生對立。這是發生衝突的重大起因之一。猶太人信仰的猶太教和巴勒斯坦人信仰的伊斯蘭教，都奉耶路撒冷這座城市為聖地，於是，爭

150

Answer

主要衝突仍是猶太人與阿拉伯人的巴勒斯坦領土紛爭

耶路撒冷只是造成衝突的原因之一

④ 雙方承認「彼此共存」。簽訂《奧斯陸協議》。

③ 雙方都無法接受，於是「美國支持的以色列」、「阿拉伯各國支持的巴勒斯坦」爆發**四次以阿戰爭**。

美國 加油！

阿拉伯國家 別輸！

目前的問題
以色列視武裝團體哈瑪斯組織及激進派組織真主黨為主要威脅。

⑤ 反對該協議的激進派組織頻頻**發動恐怖攻擊，阻礙和平談判**。

奪聖地所有權更加深了雙方的衝突。

一九四七年，聯合國決議分割出以色列（猶太國家）及巴勒斯坦（阿拉伯國家）兩個國家，引起雙方的反彈。美國支持的以色列與阿拉伯各國支持的巴勒斯坦掀起多次以阿戰爭（又稱中東戰爭）。雙方雖於一九九三年簽訂了承認彼此的《奧斯陸協議》，其後仍陸續發生反抗行動，衝突始終無法平息。

08 Question

以哈戰爭波及太多人民……
以色列與哈瑪斯激戰的背後究竟有何內幕？

中東

黎巴嫩
敘利亞
約旦河西岸地區
加薩走廊
以色列
約旦
埃及

領導人盲從極右派，屢屢脫序

以色列

面積　約2.2萬平方公里（與日本四國相當）
人口　約950萬人
執政黨　聯合黨（利庫德集團）

總理班傑明・納坦雅胡（Benjamin Netanyahu）對極右翼政黨聯盟言聽計從，不採納其他人甚至美國的意見，屢屢失控。以色列國內無論是議會或國安局的意見都無法傳達給總理。

絕不原諒巴勒斯坦！
呵呵…
總理被操控了…

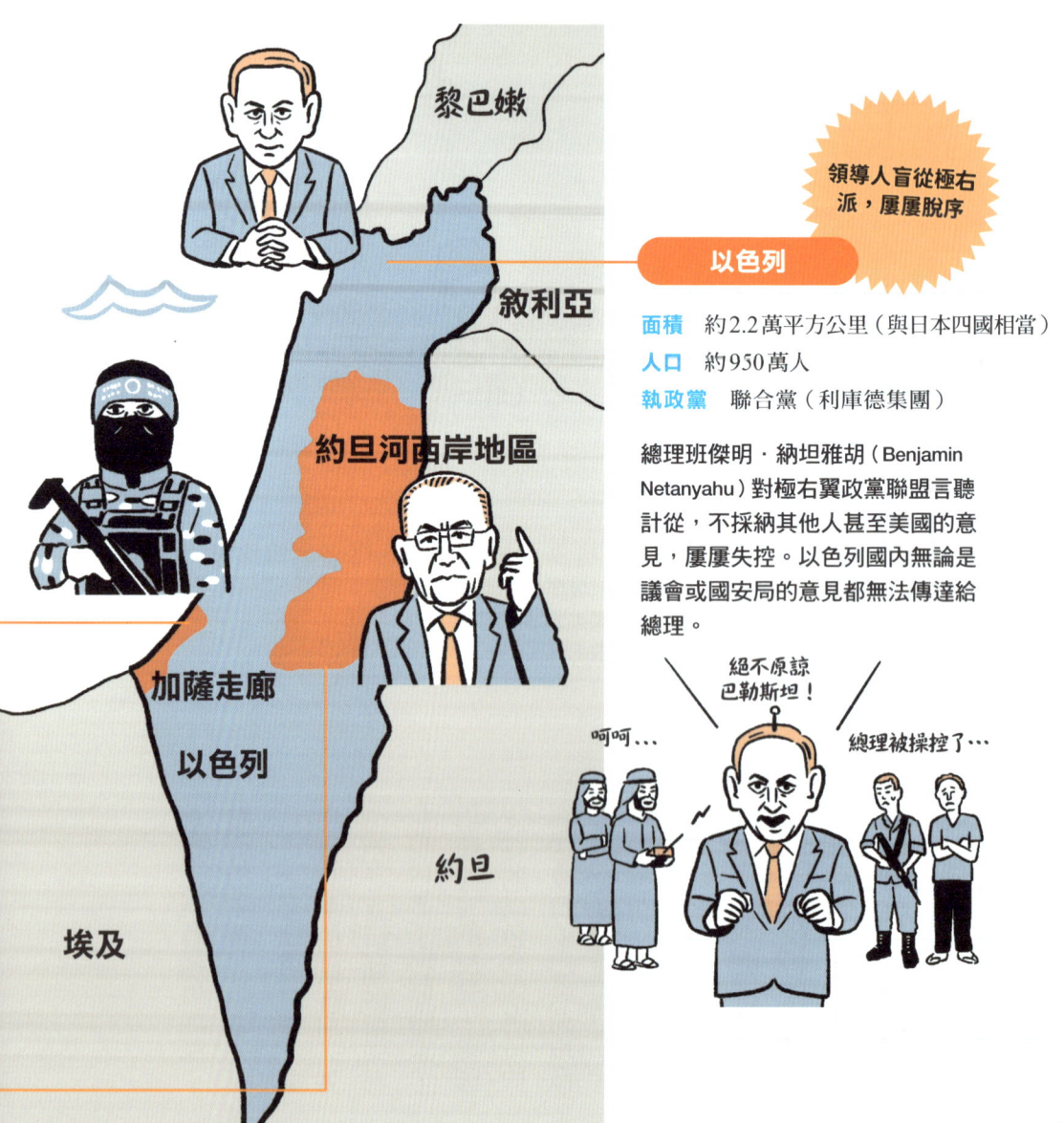

以色列—哈瑪斯戰爭的進程

2023/10 哈瑪斯對以色列境內舉辦的音樂會發動突襲，發射火箭炮。以色列立刻展開空襲。隔日伊斯蘭教什葉派組織「真主黨」對以色列占領區發動炮擊。

2023/11 美國國務卿布林肯出訪以色列，與納坦雅胡會談。當月24號起，加薩地區停火4天。

2024/4 以色列空襲轟炸敘利亞的伊朗大使館，伊朗伊斯蘭革命衛隊則以無人機攻擊以色列本土做為報復。以色列則再度空襲轟炸伊朗回擊。

由「民主選舉選出來的恐怖組織」進行統治

（巴勒斯坦）加薩走廊

- **主要民族** 阿拉伯人
- **面積** 365平方公里（略大於日本福岡市）
- **人口** 約222萬人
- **執政黨** 哈瑪斯

哈瑪斯在2006年由巴勒斯坦自治政府所舉辦的選舉中贏得勝利。貧窮的年輕人紛紛加入哈瑪斯，在加薩走廊相當受歡迎。

在位約20年的高齡總理交接給新總理

（巴勒斯坦）約旦河西岸地區

- **面積** 5,655平方公里（約等於日本三重縣）
- **人口** 約325萬人
- **執政黨** 法塔赫

舊政府的統治並不順利，總理馬哈茂德・阿巴斯（Mahmoud Habash）如今年近九十，領導能力大幅下降。2024年3月新總理穆斯塔法（Mohammad Mustafa）就任。

08 Answer

以色列、哈瑪斯，以及巴勒斯坦自治政府……
三個政府，三種失能！
集中東所有「問題」之大成，爆發戰爭

解說
動搖世界的以色列－哈瑪斯戰爭

二○二三年十月哈瑪斯對以色列展開攻擊。隨後以色列也報復性空襲加薩走廊，兩國都傷亡慘重。這場衝突的原因固然是「加薩走廊積怨已久」，意圖以武力奪回領土」，但也不能忽略以下重要的背景因素：以色列被極右翼政

胡塞武裝組織的攻擊行動嚴重傷害亞洲與歐洲之間的運輸

地中海　伊拉克　伊朗
蘇伊士運河
埃及　沙烏地阿拉伯
紅海
蘇丹　胡塞武裝組織控制　葉門

葉門反政府組織胡塞武裝組織喊出激進的口號響應哈瑪斯，在紅海與蘇伊士運河攻擊船舶。這條連接歐洲與亞洲的海路要道，如今難以通行貨櫃船等船隻。

胡塞武裝組織的口號
真主至大
美國該死
以色列該死
詛咒猶太人
伊斯蘭必勝

黨牽著鼻子走，哈瑪斯以恐怖組織之姿贏得選舉成為執政黨，巴勒斯坦自治政府的領導能力低落，三者都有失能之處。這場戰爭對全世界產生各種影響，包括伊斯蘭教 📍**胡塞武裝組織**在紅海周邊攻擊商船，危害全世界的物流運輸。此外，與猶太人有深厚淵源的 📍**德國**與 📍**美國**也出現了出乎意料的變化。

戰爭的影響① 德國的反猶派人數增加，藝術家紛紛離開德國

德國政府支持以色列，但國內的伊斯蘭教移民群體中出現反以色列的勢力。批判以色列的藝術家面臨遭到政府中斷補助的情況。

德國在政策上支持以色列

- 來自土耳其的伊斯蘭教移民增加，擁有德國國籍的反猶太勢力誕生。
- 反以色列的藝術家被中斷經濟補助，藝術家紛紛離開德國。

戰爭的影響② 美國有兩股想法各異但同樣支持以色列的勢力！邏輯非常奇特

美國有兩股挺以色列勢力，其一是功成名就的美國猶太人所組成的以色列遊說團體，目的是保衛以色列。其二是與猶太教關係惡劣的基督教右派，他們是出於宗教的理由而支持以色列，希望「由猶太人發起末日戰爭」（耶穌基督將在世界末日來臨時再度降臨）。

以色列遊說團體

由具有政治、經濟和社會影響力的猶太人所組成的遊說團體，進行各式各樣的宣傳與遊說活動，來守護以色列的利益。

基督教右派

由於殺死耶穌的是猶太人，傳統上基督教向來與猶太教關係惡劣，但因為該宗教經典中相信末日戰爭將由猶太人發起，因此選擇支持以色列。

的特質

歐洲雖是小國的集合體，但在歷史上有不少國家曾稱霸世界。歐洲究竟具有那些特質呢？

I 歷史

歐洲是座巨大的半島。
其特色是局勢動盪劇烈、**難以穩定**。

解說　持續受到周邊大國彼此爭鬥的影響

從地緣政治學來看，歐洲是位於歐亞大陸西側的「半島」，雖然擁有容易向海洋擴張的優點，但同時也經常受到在陸地上相鄰的俄羅斯的威脅，而南邊則是由伊斯蘭教國家掌控。也就是說，歐洲有一半的歷史是在與東邊的俄羅斯與南邊的伊斯蘭教國家鬥爭。

二戰後，美國進一步介入。美國與蘇聯展開冷戰，歐洲東側加入了蘇聯陣營，西側則加入美國。歐洲成為東西方對峙的第一線，經常處於不穩定的狀態。

156

認識歐洲地緣政治

11 聯盟

歐洲各國締結了政治經濟盟約「歐洲聯盟」，以及軍事盟約「北大西洋公約組織」

第二次世界大戰後，歐洲眾多小國為了對抗其他世界強權，建立了「歐盟」和「北約」。

歐洲聯盟
歐洲各國在政治與經濟面上合作的綜合體

成員國間達成協議，允許人員、貨物、服務、資本在成員國間自由移動，同時統一貨幣。

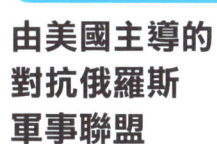

北大西洋公約組織
由美國主導的對抗俄羅斯軍事聯盟

主要目的為對抗蘇聯（現則為俄羅斯）擴張勢力的軍事同盟。

僅加入歐盟	加入歐盟及北約	僅加入北約
愛爾蘭	比利時　拉脫維亞	冰島
塞普勒斯	保加利亞　立陶宛	美國
馬爾他	捷克　盧森堡	英國
奧地利	丹麥　匈牙利	加拿大
	德國　荷蘭	挪威
	愛沙尼亞　波蘭	土耳其
	希臘　葡萄牙	阿爾巴尼亞
	西班牙　羅馬尼亞	蒙特內哥羅
	法國　斯洛維尼亞	北馬其頓
	克羅埃西亞　斯洛伐克	
	義大利　芬蘭 瑞典	

加入北約新成員國！（芬蘭、瑞典）

Chapter4 亞洲、中東、歐洲的地緣政治學

09 Question

歐洲

從地緣政治學角度來看，英國脫離歐盟，是英國的**傳統戰略**？

英國的傳統外交戰略

你去攻擊A國，
你去攻擊B國

與歐陸保持距離並進行控制

英國的戰略

英國這項戰略被稱為「離岸制衡」，也就是當強國出現時，英國會支援其周邊國家發起爭鬥，藉此維持歐洲大陸的權力平衡。

158

英國脫離歐盟

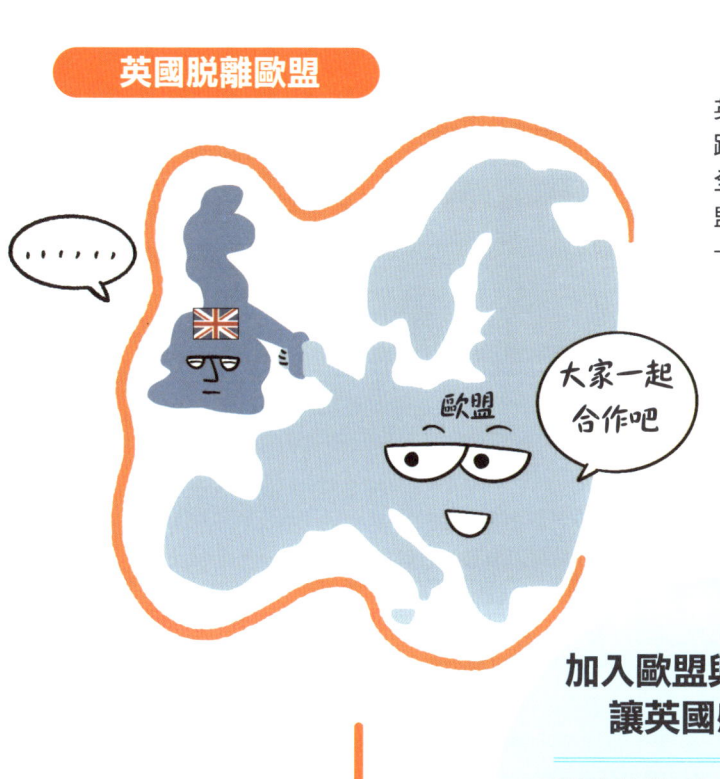

英國透過與歐陸保持距離來維護自身安全，因此對於加入歐盟與歐陸各國結合，一直感到不安。

…… 大家一起合作吧

歐盟

加入歐盟與歐陸結合，讓英國感到不安

英國意識到，如果歐陸各國團結起來共同對抗英國，將難以招架，因此英國希望與歐陸保持距離，從遠處進行控制。

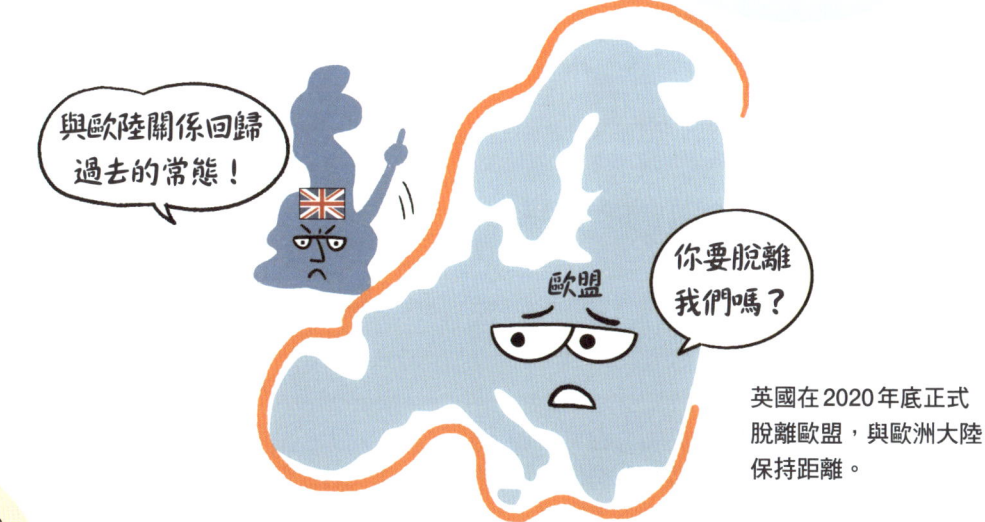

與歐陸關係回歸過去的常態！

你要脫離我們嗎？

歐盟

英國在2020年底正式脫離歐盟，與歐洲大陸保持距離。

09 Answer

自歷史上稱霸世界以來
與歐亞大陸保持一定距離
是英國的傳統戰略

> 解說
> **英國的潛意識裡，**
> **隱藏著對歐陸的恐懼**

英國與歐亞大陸隔著多佛海峽（P21），因此能夠與歐洲歷史上的頻繁戰禍保持一定距離，不受牽連。**英國善用這項地利向海洋拓展勢力，終至稱霸世界**。英國面對歐洲的戰略是讓各國彼此持續鬥爭，當強國崛起時則給

> 支持幾乎所有歐洲國家，
> 藉此從而分裂歐洲大陸

英國在17世紀創立東印度公司，以進軍亞洲為起點，將殖民範圍擴張至全世界，其後建立北美十三州等一系列殖民地，在18世紀後半打造出「第一英帝國」盛期。雖然美國獨立導致第一英帝國時期結束，但隨著埃及成為被殖民國，以及英國在中東、阿富汗、緬甸擴張勢力，並參與了瓜分中國等行動後，英國在19世紀後半打造出了「第二英帝國」。全盛時期的大英帝國甚至支配了全世界四分之一的領土。

> 英國全盛時期稱霸了全世界四分之一的陸地！

160

予打擊。因此傳統上，英國對歐亞大陸採取的態度就是「保持距離」。但自二戰以後，英國由於失去殖民地而需要替代市場，於是加入了歐盟。

然而，英國國內畢竟以重視傳統戰略的反對派占多數，使得**英國最終再度選擇了與歐陸保持距離**，也就是脫離歐盟。

然而，脫離歐盟導致英國目前的景氣低迷，因此有半數以上國民為了錯誤的公投選擇而感到後悔。

英國國內出現菁英與非菁英階層的鬥爭

在英國，菁英階層（在都會區工作）與一般庶民階層（生活在都會區外）之間的對立，一直根深柢固。我們觀察脫歐公投的結果會發現：留歐派以倫敦周圍、蘇格蘭及北愛爾蘭占多數，脫歐派則是以都會區之外的地方占多數，由此可以看出菁英與庶民階層間的衝突。

脫歐派：移民太多導致我找不到工作！菁英根本不懂。我們要回到以前的英國！

留歐派：不能這麼說嘛⋯脫歐對國家整體來說弊大於利

對立

一般庶民
認為加入歐盟後移民等外籍勞動者增加，導致工作被搶走，因此支持脫歐。

菁英階層
菁英階層受到國外勞動者數量增加的影響較小，大多認為在全球化時代，與他國保持關係是重要的，因此支持留歐。

Question 10

實際上地緣政治條件很差
德國 GDP 上升至世界第三名，是歐盟的功勞嗎？

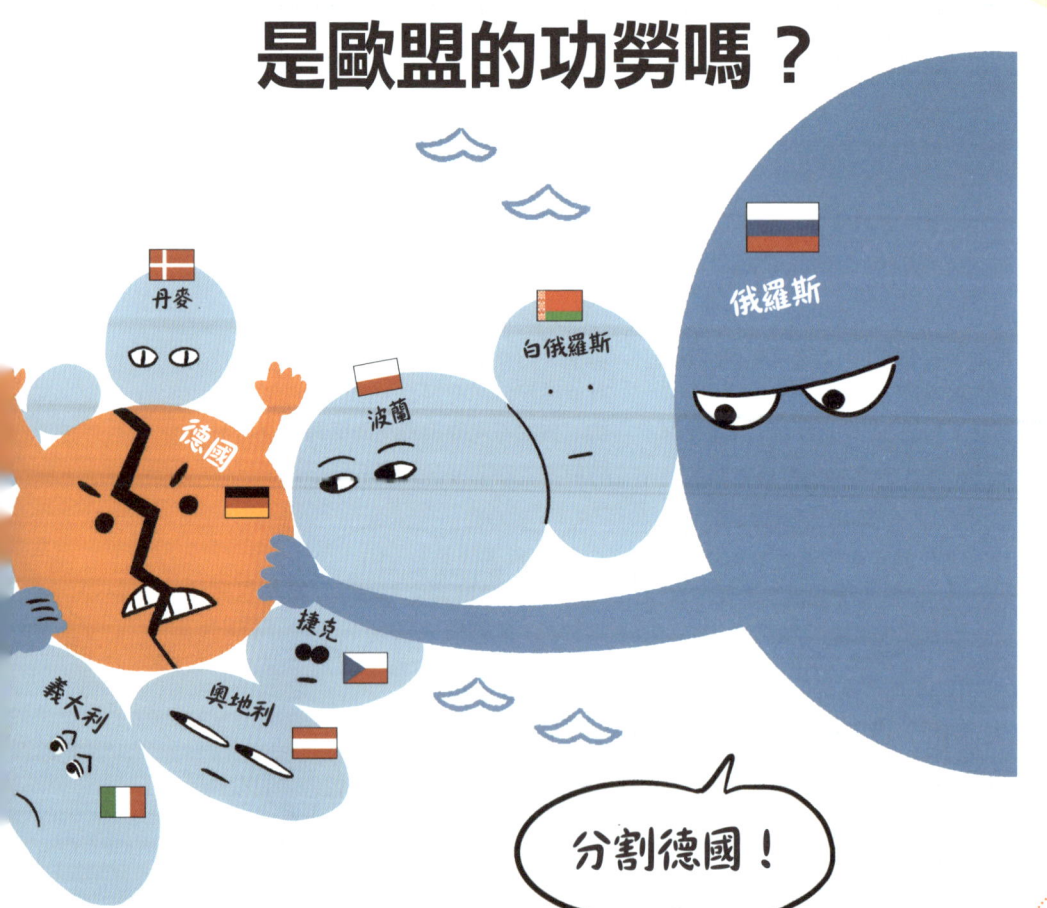

分割德國！

解說
由於歐元貶值，德國經濟蒸蒸日上

德國位在歐洲中部，四周環繞著俄羅斯、法國、英國等歐洲大國。因此，德國自古以來就飽受周邊國家侵擾。另一方面，對周邊國家來說，德國曾是挑起一戰及二戰的重大威脅。因為這個緣故，歷史上每當戰爭結束，周邊國家就會想要分割德國領土。

蘇聯解體、冷戰終結後，東西德統一。歐洲各國積極推動歐盟成立

162

Answer
或許很多人不知道
歐洲以歐元作為統一貨幣，讓德國經濟得以長足發展

> 一定要阻止德國再度犯下暴行。
> ——英國

> 分割德國！
> ——美國

法國

二戰後德國被分割成東西德

的原因之一，其實是擔憂德國統一後可能再度崛起成為強大帝國。

然而，歐盟其他國家經濟低迷導致歐元貶值，反倒使得生產技術優良的德國能夠出口更多商品。可以說，歐盟本意雖是壓制德國，實際上反而幫助了其經濟成長。

163

11 Question

拯救希臘與南斯拉夫的地緣政治特質
地中海在地緣政治上，擁有哪些優勢？

歐洲

俄羅斯

我可以借你錢

通往亞洲的要道

亞洲

> 解說
> ## 地中海曾經左右歷史的發展

（曾經存在於巴爾幹半島上的國家）。這個國家位於東歐，它之所以沒有完全被俄羅斯控制，是因為面向地中海，可以接觸到海洋強權勢力。

從地緣政治學的角度來看，地中海是連接中東、亞洲和非洲的重要樞紐，也是由黑海通往外海的要道。在歷史上的關鍵時刻，地中海曾經發揮了巨大的影響力。

第一個例子是南斯拉夫盟所提出的撙節要求，歐

另一個例子則是希臘。二〇〇九年希臘隱瞞財政赤字一事曝光，導致歐債危機。儘管希臘拒絕了歐盟仍提供了融資。這也是因為希臘位於地中海，是地緣政治學上的重要樞紐。對於歐洲各國而言，希臘就像是一道防波堤，發揮了防堵俄羅斯的作用，歐盟擔心希臘向俄羅斯倒戈，因此才提供救濟。

164

Answer

亞洲、中東、非洲及海洋⋯⋯
地中海位在多個區域交會的十字路口，衍生出各種利益糾葛！

對歐洲而言，地中海是連接中東、俄羅斯、非洲的重要樞紐

希臘的**優勢**

面向地中海的國家會獲得來自不同陣營勢力的拉攏，因此能夠得到許多援助。

歐盟

我來幫助你

緩衝區

南斯拉夫

希臘

地中海

通往地中海的要道

中東

非洲

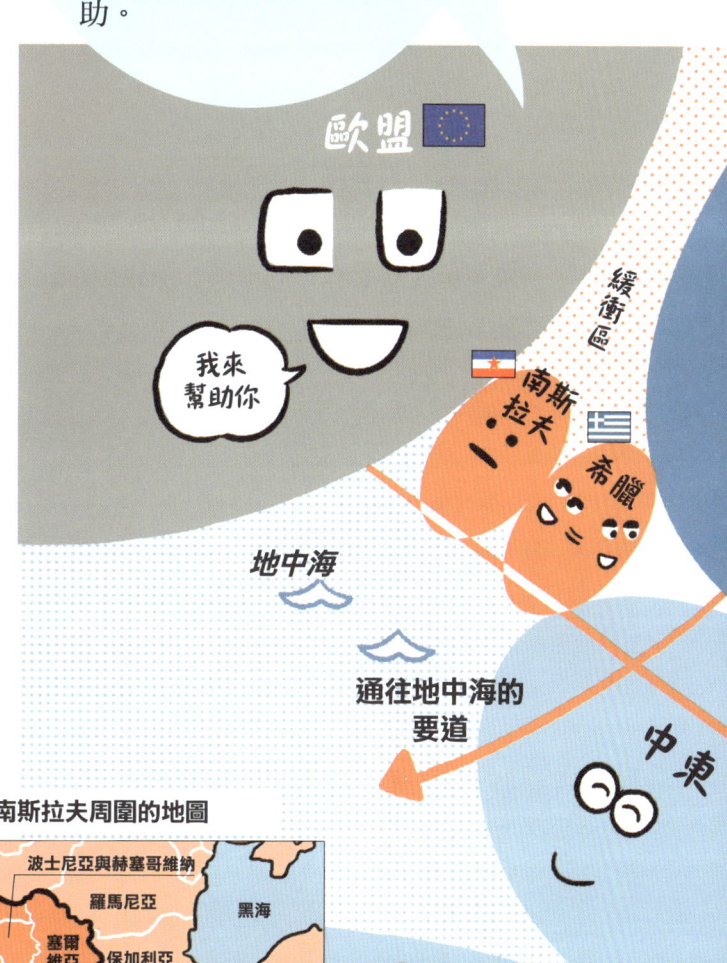

希臘與前南斯拉夫周圍的地圖

- 克羅埃西亞
- 斯洛維尼亞
- 波士尼亞與赫塞哥維納
- 羅馬尼亞
- 塞爾維亞
- 保加利亞
- 黑海
- 土耳其
- 北馬其頓
- 蒙特內哥羅
- 希臘
- 過去的南斯拉夫
- 地中海

地緣政治學專欄

06

所謂「地緣政治風險」，是指在某處發生的事件，可能對全世界帶來巨大影響

　　地緣政治學這個名詞近年來廣為流傳，在電視新聞節目也經常會聽到「地緣政治（上的）風險」等詞彙。大多數人對這個詞彙可能僅限於模糊的理解，讓我們在此來好好談論「地緣政治風險」吧。

　　「地緣政治風險」在 2002 年左右開始使用，那正是 2003 年美國入侵伊拉克的前一年。最初，這個詞彙主要使用在經濟領域，描述當美國與伊拉克開戰後，世界局勢變得不穩定、經濟陷入混亂的情況。如今這個詞也被用於經濟以外的領域，用於指稱**「某個地區的政治、軍事、社會局勢陷入緊張狀態，局部的地區事態對全世界的經濟、物流、能源等產生負面影響」**。

　　「地緣政治風險」之所以近年來才受到關注，主要是因為世界各國和組織之間在能源、資訊技術、資源、糧食、投資等領域的交易與資金活動，變得越來越頻繁。隨著全球化的進展，國際社會變得更加緊密，美國單極時代的終結，讓世界走向多極化，國家安全與政治、經濟開始被緊密綑綁在一起（特別是中國最為顯著），再加上資訊科技的飛速進步，各種發生在局部地域的事情都可能在轉瞬間帶給世界巨大影響，這就是「地緣政治風險」

一詞廣為流傳的原因。

　　在本書寫作的當下，亞洲面臨「台灣有事（第 84 頁）」，中東面臨「以色列與哈瑪斯衝突（第 152 頁）」，歐洲則有「俄羅斯入侵烏克蘭（第 58 頁）」等多個地緣政治風險在世界各個角落浮現。根據美國某間專門研究地緣政治風險的顧問公司的調查，**如今最大的地緣政治風險是「美國分裂（第 48 頁）」**。

　　目前，美國的共和黨與民主黨對立加劇，屬於先進國家中政治體系惡化最嚴重國家之一。預計 2024 年總統大選將導致分裂更加嚴重，對全世界產生更大的影響。

　　此外，氣候變遷也與「地緣政治風險」密切相關。比如，物流要道改變就是相當具代表性的例子，降雨量銳減導致巴拿馬運河水量減少，使得船隻可通行數量降低，這也是一種「地緣政治風險」。

美中俄新冷戰開打,美國單極霸權秩序不再,世界將如何變化?

二〇一八年,美國宣布開啟新冷戰

中國經濟出現飛躍式成長,正式成為世界第二大經濟體。中國共產黨以一黨獨裁體制統治中國,並運用IT(資訊科技)技術逐步實現對14億國民的社會監控系統。對外則提出一帶一路計畫(第88頁),主導發展「亞洲基礎建設投資銀行」以支持亞洲國家的基礎建設開發,藉此提高在國際社會的存在感。

根據中國國家主席習近平的說法,中國的目標在於實現「中華帝國的偉大復興」,**必須瓦解由美國支配世界貿易體系、自由、民主社會的現有秩序,建立由中國共產黨來管理世界的新秩序。**

另一方面,美國已明確表態與中國對立,美國前副總統彭斯(Mike Pence)於二〇一八年

168

【結語】美中俄新冷戰開打，美國單極霸權秩序不再，世界將如何變化？

十月的演說中，充分表明了上述立場。演講內容包括「習近平曾經表示不會將南海軍事化，事實上卻在人工島礁部署飛彈」、「中國境內的基督教、佛教、伊斯蘭教信仰者正遭受迫害」等，批判中國人權問題及其對區域安全的影響。甚至提及「中國正透過政治、經濟、軍事手段及大外宣來影響美國」等危害美國的舉動，最後以「（川普）總統絕不會退縮，美國國民也絕不會被欺騙」作結，明確表達與中國對抗的態度。**這場演可說是美國與中國展開新冷戰的開戰宣言。**

二〇二四年，美國《紐約時報》記者桑格（David E. Sanger）出版《新冷戰》（New Cold Wars: China's Rise, Russia's Invasion, and America's Struggle to Defend the West）一書，讓越來越多人認知到新冷戰已逐漸成為現實。

此外，二〇二二年入侵烏克蘭並交戰至今的俄羅斯，也加入了美中的鬥爭。俄羅斯為了推動本國發展而一再地強行改變現狀，毫不掩飾其對抗美國，也就是對抗海洋強權陣營的意圖。二〇二四年五月，俄羅斯總統普丁更與中國國家主席習近平進行會談，展現深化中俄關係的決心。

若以地緣政治學觀點來解釋，新冷戰既是美中爭霸的最極致展現，也可以說是「以美國為盟主的歐洲與日本的海洋強權陣營」與「中國、俄羅斯加上伊朗、北韓等勢力」的對抗。

169

在數年前，我們可以毫不猶豫地指出是海洋強權占上風，但近年來美國的優勢地位相對衰退，二○二四年又逢總統大選，川普與拜登交手（編注：拜登已宣布退選，賀錦麗﹝Kamala Harris﹞接棒參選）、共和黨與民主黨對壘，面臨前所未有的政治分裂。美國國內政局不安定，無法排除發生內戰的可能性（第48頁），如此表現簡直有失霸權國的典範，這場新冷戰將可能導致世界秩序出現重大變化。

大國之間不會直接對戰，而是利用其他地區進行局部戰爭

那麼，兩國在新冷戰中會如何進行軍事布局呢？美國與中國擁有核武，因此有些人認為會發生核子戰爭。然而，無論哪一方動用核彈，另一方必定會用核彈反擊吧。如此一來，國家和地球可能都會滅亡，因此爆發核子戰爭的可能性較低。

至於戰爭會以哪種形式開打？我們可以回顧一九四○至一九八○年代美國與蘇聯之間的冷戰。**大國間的戰爭往往是透過其他國家進行代理戰爭**，例如：韓戰、越戰、蘇聯入侵阿富汗等；**或是在他國內戰中支援兩個不同派閥彼此爭鬥**。也就是說，美國與中國直接對戰的可能性並不高，但雙方會在非直接相關的其他地方，援助各自陣營中的其他成員打區域戰。

170

我們在本書第84頁介紹了「台灣有事」，如果從「中國 vs. 美國支援下的台灣開戰」的角度來看，就可以視為是一場代理戰爭。雖然本書認為台灣發生軍事衝突的可能性不高。

美國發動「強制提高對手參戰成本的戰略」

此外，依據過去冷戰的經驗，我們推測美國還會採用「成本強制戰略」（cost-imposing strategies）。這是美國前總統卡特提出的戰略，做法是**迫使敵國增加因本國結構因素而不得不承擔的戰爭成本**。具體來說，就是美國會分析蘇聯的軍事史、文化及預算分配，判斷出蘇聯「最害怕被攻擊的區域」，發現「蘇聯領導階層知道蘇聯對於低空入侵武器的抵抗能力薄弱」。於是，美國將巡弋飛彈等低空入侵兵器部署在俄羅斯周圍。俄羅斯因此必須升級防空系統，但由於國界相當長，導致防禦成本大幅增加，終至財政無法負荷。

美國不將軍事武器直接運用在軍事攻擊，而是用來逼使對方提高成本，這就是「成本強制戰略」，是美國可能對中國採取的戰略之一。

新冷戰加劇了日本國內親美派與親中派的分裂

這場新冷戰對日本造成的影響與越戰相當類似。越戰在一九六〇年代爆發時，日本國內的輿論分成左右兩派並且激烈爭辯，還發生了大規模的學運。據說日本社會黨和自由民主黨分別接受了來自蘇聯和美國的金援。

在地緣政治學上，大國的一舉一動都可能嚴重影響小國，而小國往往遭到蔑視。隨著新冷戰的發展，日本國內的親美派與反美（親俄、親中）派分裂將變得更為顯著。目前，日本政府選擇繼續追隨海洋強權陣營，但未來可能會受到「大外宣」（即鼓吹加入陸地強權陣營比較有利的言論）的影響，使得支持陸權國家的陣營變得更為強勢。

【結語】美中俄新冷戰開打,美國單極霸權秩序不再,世界將如何變化?

後記 conclusion

不要沉溺於一廂情願的和平理論，必須培養廣闊的視野與認識世界的能力

各位讀者讀畢本書後有什麼想法呢？我們介紹了世界各國是如何從自身「國家利益」出發，永無休止地爭奪領土與權力，甚至打打殺殺，絲毫不顧及「道義」、「情分」與「善意」。

或許你會認為：「這種觀點真是討人厭。」作為能夠享有「普通日常生活」的日本人，會這樣想是很正常的，完全沒有錯。

但是，在我們必須面對冷酷的地緣政治理論時，這種想法只會構成阻礙。因為世界上每個國家都是以地緣政治學戰略為基礎，建立起一套「世界觀」而採取行動，思維方式與一般日本人相比可說是大相逕庭。

筆者也和大多數日本人一樣，追求世界和平。然而，當我持續研究地緣政治學之後，我發現至少在可預見的未來，要實現世界和平的夢想是相當困難的。這是因為「什麼狀態才算是世界和平」這個世界觀，會因為國家、個人、民族、宗教而異，大家的想法可能相去甚遠。正因為人們都在追求「一廂情願的和平」，戰爭才無法止息。而且追求和平這件事本身，甚至成為戰爭的種子。

今後，你會需要一套有力的分析工具，來解讀更加混沌的國際社會殘酷現狀，並冷靜地分析狀況，這套分析工具就是本書所介紹的「地緣政治學」。我希望本書能夠協助各位讀者學會運用這套工具，不再陷於「一廂情願」、過度簡化的理想主義與和平論，培養出廣闊的視野，結合理論知識與脈絡化思考，深入地觀察這個世界。對我來說，這將是最大的福氣。

奧山真司

地球觀 87

世界各國到底在想什麼？【地緣政治超圖解】
32個決定世界大局的超關鍵問答，戰略專家教你看穿檯面下的大國策略
サクッとわかるビジネス教養 新地政学

監　　修　奧山真司
譯　　者　余鎧瀚

野人文化股份有限公司
社　　長　張瑩瑩
總 編 輯　蔡麗真
責任編輯　陳瑾璇
校　　對　林昌榮
行銷經理　林麗紅
行銷企畫　李映柔
封面設計　萬勝安
美術設計　洪素貞

出　　版　野人文化股份有限公司
發　　行　遠足文化事業股份有限公司 (讀書共和國出版集團)
　　　　　地址：231 新北市新店區民權路 108-2 號 9 樓
　　　　　電話：（02）2218-1417　傳真：（02）8667-1065
　　　　　電子信箱：service@bookrep.com.tw
　　　　　網址：www.bookrep.com.tw
　　　　　郵撥帳號：19504465 遠足文化事業股份有限公司
　　　　　客服專線：0800-221-029
法律顧問　華洋法律事務所　蘇文生律師
印　　製　凱林彩印股份有限公司
初版首刷　2024 年 8 月
初版三刷　2025 年 3 月

有著作權　侵害必究
特別聲明：有關本書中的言論內容，不代表本公司 / 出版集團之立場與意見，
文責由作者自行承擔
歡迎團體訂購，另有優惠，請洽業務部（02）22181417 分機 1124

SAKUTTOWAKARU BUSINESS KYOYO SHIN-CHISEIGAKU
supervised by Masashi Okuyama
Copyright © 2024 SHINSEI Publishing Co., Ltd., Tokyo.
All rights reserved.
First published in Japan by SHINSEI Publishing Co., Ltd., Tokyo.
Traditional Chinese translation copyright © 2024 by Yeren Publishing House
This Traditional Chinese edition published by arrangement with SHINSEI Publishing Co., Ltd., Tokyo in care of Tuttle-Mori Agency, Inc., Tokyo through Keio Cultural Enterprise Co., Ltd., New Taipei City.

國家圖書館出版品預行編目（CIP）資料

世界各國到底在想什麼？【地緣政治超圖解】
32 個決定世界大局的超關鍵問答，戰略專家
教你看穿檯面下的大國策略 / 奧山真司作；
余鎧瀚譯 .-- 初版 .-- 新北市：野人文化股份
有限公司出版：遠足文化事業股份有限公司
發行，2024.08
　　面；　公分 .--（地球觀；87）
譯自：サクッとわかるビジネス教養 新地政
学
ISBN 978-626-7428-77-1（平裝）
ISBN 978-626-7428-75-7（PDF）
ISBN 978-626-7428-76-4（EPUB）

1.CST: 地緣政治 2.CST: 國際關係 3.CST: 國家戰略

571.15　　　　　　　　　　　　113008416

野人文化
官方網頁

野人文化
讀者回函

世界各國到底在想什麼？
線上讀者回函專用
QR CODE，你的寶
貴意見，將是我們
進步的最大動力。